DXの ジレンマ

事例から考える
デジタル化実務の課題と実践的解決法

兼安　暁

大学教育出版

はしがき

　大手メーカー入社5年目の会社員に、大学の後輩からOB訪問の依頼があった。お気に入りのカフェで約束し、カフェラテを購入し、席についたところだ。

学生：「さっそくですが先輩は、いまメーカーでどういったお仕事をされているのですか？」

会社員：「これまでは、情報システム部だったけど、4月から新しくできたDX推進部に異動になったんだ」

学生：「DXって、デジタルトランスフォーメーションのことですよね？ なんか、かっこいいですね！」

会社員：「いま、日本中で注目を浴びているからね。これからは大企業であっても、デジタル化の波に乗り遅れると、会社自体がなくなってしまうとも言われているから、責任重大な仕事だよ」

学生：「すごいですね。じゃあ、GAFAMみたいになるんですか？ 製造業でデジタル化というのは、よくわからないのですが」

会社員：「デジタル化とデジタルトランスフォーメーションは、似ているようでイコールではないよ。DXは、あくまでもデジタルの力を借りてビジネスモデルを根本的に変えることだからね。デジタル化は、そのための手段の1要素でしかないんだ。
　　　　　そこら辺は、よく勉強したほうが良いね。いまどきの採用試験では、そこを突いてくる会社も少なくないと思うよ。とはいっても、その

違いを明確に理解している人は少ないかもしれないけど。

　で、たしかに製造業での DX というのは、なかなか簡単ではない
ね。物体をデジタル化することはできないから製品そのものをデジ
タルにするのが困難で、そうなると、ビジネスモデルを変えるといっ
ても、できることは限られてくるからね」

学生：「ビジネスモデルを変えるということは、新規事業開発か何かなんで
しょうか？」

会社員：「必ずしもそうとは限らないけど、商売のやり方を変えるということ
は、新規事業開発と変わらないだろうね」

学生：「新規事業開発に関われるなら、関わりたいです。例えば新入社員とか
でもそういったところに配属されることはあるのでしょうか？」

会社員：「これまでのウチだったら難しかったけど、最近は Z 世代のニーズを
汲み取るニーズや、新しいテクノロジーについていける人材という
意味で、配属されやすくなっているみたいだね」

学生：「ますます興味が湧いてきました。ところで、DX のお仕事の中で具体
的に大変なこと、ご苦労されていることって、どういったものがある
のでしょうか？」

会社員：「それはもう、多岐に渡り過ぎて、説明するには時間がいくらあって
も足りないな。例えば、DX の必要性を訴えている経営陣がそもそ
もビジネスモデルを変えるものだということを理解していないとか、
情報システムがレガシー過ぎて新しいビジネスモデルに変えていく
には、時間も予算も足りなすぎるとか。
　あ、レガシーというのは、古いという意味ね」

学生：「なるほど。まだまだ知らないことが多すぎますね。何か参考となる本があったら、教えていただけますか？」

会社員：「DX 関係の本はたくさんあるけど、この本は、なかなか本質を突いていて、勉強になるよ。僕は、これを何度も読み返して頭に叩き込んでいる」

****

さて、このたびは、本書を手に取っていただいて、ありがとうございます。

2018 年秋に経済産業省が DX レポートを公表して以来、DX というワードが企業間で話題になり、各社とも全社的な DX プロジェクトを立ち上げたり、DX 推進部門を創設したりすることがあたり前になりつつあります。また、DX をテーマとした関連書籍がすでに 50 冊以上も出版されるまでに Buzz ワード化しています。

一方で、実際にさまざまな企業の役員や DX を推進している管理職の方々と話しをしていると、ほとんどが目先のデジタル化や業務効率改善といった従来の延長でしか考えられていないようです。

これには、「経営戦略や人材・組織」と、「現状の IT 基盤」という、大きく 2 つの面で致命的な課題を抱えています。本書では、このような多くの企業に共通しているビジネス上の課題を具体的に挙げ、DX の本質から外れないように実践的な事例を踏まえて、戦略・組織と IT 基盤の両面に分けて、それぞれ解決策を探っています。

本書の構成の意図を説明します。大きく3つのパート（部）に分かれています。

第1部での経営戦略面では、次のように5章構成としています。

第1章ではテクノロジーが産業に及ぼす潮流、具体的には**今後10年程度の期間で、テクノロジーの進化の中で代表的な産業が地盤沈下していく様子**を描いています。フィクションのように思われるかもしれませんが、そもそもの本質と、ユニコーン企業やシリコンバレーのエンジェル投資家の下に集まるさまざまなスタートアップ企業の情報を基にして、論理的に積み上げた推測であるため、ほぼ確実に到来する未来を描いていると自負しています。

第2章では、もうひとつの流れである、グローバル経済の潮流から、これまでモノが売れなくなってきた原因と、これからどうなっていくのかについて書いています。さらに、そこから踏み込んで、**これからの大量生産モデルが成り立つ条件と、差別化・ニッチ戦略が成り立つ条件**を書いています。

第3章では、**人材面での課題**に向き合い、いくつかの業界を例に取って、**テクノロジーによる解決方法**を紹介しています。また、企業から見た人材面での視点に加えて、従業員や働く側から見た視点を加えています。具体的には、**低賃金化をもたらしている根本原因は、グローバルな大きな潮流の中で起こっていること**を明示しています。これを明示した意図は、この潮流に流されて貧困化していくのではなく、大きな潮流の中に発生する小さな波を乗りこなして、うまく目的地に到達することを考えるきっかけになれば良いとの思いにあります

第4章では、DXが指す「トランスフォーメーション」の意味を理解してもらう意図があります。そのために、これまでの企業変革の歴史と、いま求められている変革と、2つのパートに分けて説明しています。これを読んでいただければ、**これまでの企業変革の歴史はコンピュータの導入による業務効率化でしかなかったこと**を理解いただけます。そして、続けて2つめのパートを読むことで、**いま求められている変革が、それとはまったく異質なものであること**が明確に理解できるようになるはずです。

　第5章では、これから求められる変革が何なのかを4章でイメージしていただいた上で、企業がデジタルの力を利用してビジネスモデルを変えるということが、どういうことなのかについて、すでに先行している企業の事例を参考にしながら考えていきます。ここでもっとも強調したいのは、**デジタルという言葉に惑わされがちなデジタルトランスフォーメーションの本質は、実は財務構造にある**ということであり、この理解なしに、どんなに新しいビジネスモデルに挑戦したとしても失敗に終わるということです。また、製造業や小売業がDXを行うということが、どういうことなのかについても、事例をもとに、踏み込んだ上で、理想的な財務構造を手に入れるためのヒントもいくつか紹介しました。

　第2部では、4章構成とし、ほとんどの企業が抱える情報システムの課題に言及します。

　第6章では、企業がこれまで導入してきた情報システムがどのようなものかを中心に説明することで、続く第7章で説明する**レガシーシステムが弊害となっている根本的な理由**について理解していただくことを意図しています。

　第7章では、ビジネス課題から見て、**いまのシステムに求められる条件**を理解していただき、次に**レガシーシステムを使い続ける限り、その条件を満たすことが永遠にない**ということを理解していただくことを意図しています。この章を読み終えると、**どんなに困難であっても、乗り越えない限り、会社の未来はない**ということが理解できるはずです。

　第8章では、第7章で紹介した、**いまのシステムに求められる条件を満たすシステム**とはどのようなものかについて、**具体的な要件**を整理することを意図しました。これは、そのまま、企業が今後、**情報システムの更改や情報システム部の組織変革を行う際の羅針盤**になると自負しています。

　第9章では、第7章と第8章で得たい未来を理解した上で、それを困難にしている要因を紐解いています。この意図は、過去の過ちを責めるというものではありません。この過ちは、誰も意図していなかったし、そこまで先を見通せなかっ

たために防げなかったものばかりなのです。したがって過ちを責めるのではなく、そうした過去の過ちを繰り返さないように反面教師として、二度と繰り返さないことを意図して、過去の過ちが起こった理由を解説しました。

　第3部では、第1部と第2部を踏まえて、今後どうしたらよいのかを提言します。

　第10章では、第1部を踏まえて**経営面での方向性を変えるためのアプローチ**を提案します。新たなニーズに対応したビジネスモデルが既存事業とカニバライゼーションを起こす場合の対処の仕方や、新しいビジネスモデルを検討する際の視点、さらには、具体的に進めるためのツールとして、デザイン思考やクラウドファンディングの活用を紹介しています。

　第11章では、第2部を踏まえて、**情報システムをどうしていくかについて**、アドバイスしています。まずは、経営層が幻想を抱きやすい、企業が持つデータの価値を見直すことから始めます。そしてレガシーシステムを抱えている既存企業が、理想的な情報システムに入れ替えるにあたり、**自作と既存パッケージやSaaS の採用をどう考えるか？ カスタマイズ要求には応えるべきなのか、応えないとしたらビジネスニーズへの対応をどう考えていくべきなのか？** などについて指針を示しています。

　さあ、いよいよ本編です。
　本書が、あなたの会社と業務が抱えている DX の悩み、DX のジレンマを解決することに、少しでもお役に立てれば幸いです。

兼安　暁

DX のジレンマ
― 事例から考える　デジタル化実務の課題と実践的解決法 ―

目　次

第2部　情報システムの課題×解決法

第 **1** 部

ビジネス課題
×
解決法

Chapter 1

産業が消える！
地盤沈下にどう対処するか？

　ゆでガエルの話を聞いたことがあるだろうか？　カエルをお湯の中に入れると、びっくりして飛び跳ねるが、すでに浸かっている水槽の水を徐々に熱していくと、同じ温度を越えても気づかずに、そのまま死んでしまうという話だ。この話と似たような現象は、いまの世の中のいたるところで起こっている。そう聞くと、聞いたことがないと思うかもしれないが、これまでもさまざまな業界や企業が滅んでいった。

　米ゼロックスはコピー機メーカーとして、世界中で大きなシェアを誇っていた。日本では、キャノンやリコーが切り込んでいたが、しばらくの間はグローバル市場では圧倒的に1位だった。しかし、いつの間にか、コピー機の特許の多くは、2021年3月に袂を分かった富士フィルムビジネスイノベーション（旧富士ゼロックス）に奪われていたようだ。かつての名声に胡坐をかいて、新しい技術革新をパートナーに任せていたツケが回ったのだろう。同じ業界でもキャノンもリコーも、FAX、スキャナー、プリンタ等の新しく生まれた周辺ニーズに対応して最終的には複合機市場で生き残ってきた。ゼロックスは、それらへの技術的対応を怠り、富士ゼロックスに丸投げしていたのだろう。

　ところでゼロックスが失ったのは、コピー機の技術だけではない。コンピュータ市場という、もっと大きな市場も失っている。じつは、いまのパソコンで採用されているマウスや画面は、1980年代にゼロックスのパロアルト研究所で生まれたものだからだ。

　コダックは、長い間フィルム市場での独占的な地位を築いていたが、デジタルカメラの普及によって、市場を失った。

　一方で日本ではメジャーだったが世界では大きく後塵を拝していた富士フィルムは、フィルムの技術を磨くことで、半導体の製造工程に入り込み、医療機器メーカー、製薬会社という具合に、次々に産業を移りながら最先端で生き残っている。ゼロックス同様、コダックも、フィルム市場が消滅するとは考えず、大きな市場に胡坐をかいていたのだ。しかし、フィルムを消し去ったデジタル写真を発明したのは、じつはコダックだったことは意外と知られていない。

　旅行代理業という産業はどうだろうか？　コロナで壊滅的な影響を受ける前から、かなり市場は縮小している。ご存じのように旅行会社に旅行の手配を依頼したり、パッケージツアーに参加したりするのは、お年寄りか、リスクを怖がる保守的な人達が中心だ。しかし、個人旅行客を対象としたビジネスは利幅が小さいからか、本腰を入れておらず、エアトリや楽天トラベル、一休などのオンライン手配にシェアを奪われてしまっている。

　一方で、海外では、エクスペディアとブッキングドットコムの2大グループがオンライン手配の世界市場を牛耳ってしまっている。利幅が小さいなら、数を追求しなくてはいけないのに、中途半端に大きな日本市場で満足してしまっていたのだろう。

　同じような業界はいくらでも存在する。国語辞典や英和・和英辞典、百科事典などは、お金を支払って利用する人は絶滅してしまったのではないだろうか。地図やコンパス、時計、カレンダー、手帳、ラジカセ、音楽や映画も、スマホやタブレットでほぼ無料で手に入るようになった。

　新聞、雑誌、ラジオ、テレビなどの4大媒体も、風前の灯だ。世界的に有名な一部の新聞社はネットで活路を見出した。印刷コストと物流コストがなくなったことと、グローバルに展開することで、以前よりも経営状態が良くなっているとも聞く。しかし、テレビや映画については、コンテンツ制作力でも Netflix にお株を奪われてしまった。

　すでに起こっている産業のディスラプション（崩壊）は、これから対象を拡げて、ますます発生するだろう。

　デジタルテクノロジーをはじめとした新しいテクノロジーが、これまで不可能だったことを可能にすることで、いまある商品の代替品を生み出し、業界の垣根をなぎ倒していくことは、多くの生活シーンで容易に想像がつく。エネルギー産業、自動車産業、金融業、医療や製薬、畜産業など、業界そのものが危機に瀕している産業は、枚挙にいとまがない。

　本章では、いま大きな転換期が訪れているいくつかの産業をピックアップして、どのように産業が消滅しようとしているのかについて、その背景とともに説明する。これまで存在があたりまえだった産業が、不要になるということはにわかに信じられないかもしれないが、これを読めば納得いくはずだ。そして、これから産業がなくなろうとしている中で、企業は何をしていくべきか、それを行うにあたっての課題と解決策についても踏み込んで考察していく。

1. エネルギー産業

　ちょっと前までは、オイル産業が壊滅するなどという話を聞いたとしても、誰も信じなかっただろうが、最近はニュースでいろいろ報道されるようになり、いつかはそういう日が来るかもしれないと思うようになった人も多いのではないだろうか。

　主な理由は2つある。**地球温暖化による気候変動**に対して世界中が対策をとらなくてはいけないと思い始めたこと。そして、**再生可能エネルギー技術の進化**だ。

　前者については、気候変動対策によって、化石燃料への風当たりが強くなった。最初に目の敵にされたのは、二酸化炭素排出量がもっとも多い石炭燃料だ。ヨーロッパを中心に、石炭火力発電が次々と閉鎖に追い込まれた。石炭は、もっ

とも燃料代が安いために、新興国の火力発電所では欠かせないものだったが、ヨーロッパで反対の機運が高まると、損害保険会社や金融機関への圧力も高まり、先進国から新興国への火力発電建設投資が止まってしまった。銀行は融資ができなくなり、損害保険を引き受けてくれる保険会社もなくなってしまった。

　損害保険については、現在稼働中の火力発電所についても、保険の更新ができなくなる日は近いと言われている。保険がなければ、万が一事故が発生した際の莫大な賠償を自社で引き受けざるを得なくなる。企業としては、国のバックアップがなければ、なかなか続けられないだろう。

　石炭の次は天然ガスだ。天然ガスは、化石燃料の中ではもっとも環境負荷が低いため、最後まで生き残るだろうが、こと火力発電所の燃料という点では、風力発電や太陽光発電に取って代わられつつある。これは、気候変動という理由ではなく、コスト的な要因のほうが大きい。

　図1-1は、IEA（国際エネルギー機関）が2020年12月の報告書で発表した、国別の発電手段別電気料金だが、米国でも欧州でも中国でも、天然ガスを燃料とする火力発電による発電コストよりも、陸上の風力発電のほうが安くなっている。太陽光については、欧米は天然ガスに追いついたが、図1-2のように年々コストが下がっているため、数年で追い抜いてしまうだろう。洋上風力発電のコストは化石燃料よりも高いが、これも年々下がってきている。

　インドは、太陽光発電が風力発電よりも低コストになっている。残念ながら日

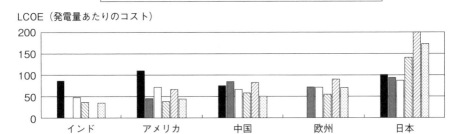

図1-1　国別の発電手段別電気料金
（出典）　IEA（国際エネルギー機関）より

本だけが、すべてのコストが高い。そして、すべての中で原子力発電コストがもっとも低い。さらに、原子力発電が風力や太陽光よりも低い国は日本だけだ。**日本での工業生産は、エネルギーコストだけを見れば、圧倒的に不利な**ことがわかる。

　なお、図 1-2 は、単純に価格を比較しているのではなく、2010 年の値を基準として、毎年どれくらい下がっているかを比較したグラフだ。太陽光パネルによる発電コストがもっとも下がっていて、続いて太陽熱と太陽光を合わせた発電方式、そして地上の風力、洋上風力と続く。水力と地熱は、むしろコストが上がっているようだ。

　一方で、**原油の需要も間もなくピークを迎える**というニュースが出始めた。

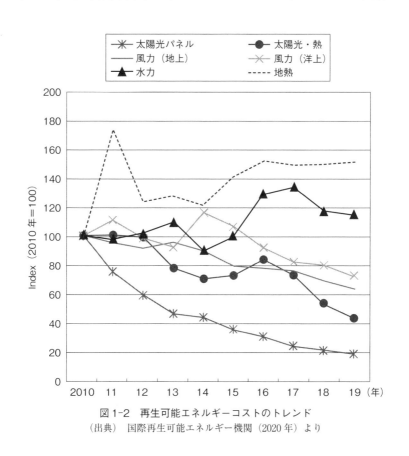

図1-2　再生可能エネルギーコストのトレンド
（出典）　国際再生可能エネルギー機関（2020 年）より

2020 年 11 月 17 日のロイターによると、石油・ガスの探査と生産に従事するノルウェーの Eguinor 社が、原油需要は 2027 〜 2028 年にピークを迎えると予測しているという。また、信用格付け機関であるフィッチ・レーティングスも、EV（電気自動車）の普及によって、原油需要は 2030 年より前にピークを迎えると発表している。ただし、原油需要のピーク時期については、多くの調査機関が 2040 年以降としているが、はたしてどうだろうか。

　需要がピークを迎えるということは、価格が長期的に下落していくということだ。万が一ピークを迎えると、電気だけでなく、灯油やガソリン価格も下落していくことを意味する。エネルギー産業は、早急な対策が求められる。

　燃料を重油とする船舶も電気に代わろうとしている。工場のボイラーやビルの暖房も、今後は二酸化炭素排出量が少ない天然ガスや LP ガスにシフトしていくだろう。

　以上のトレンドを考えたとき、エネルギー産業に身を置く当事者としてはどうすべきか？ 明確に言えるのは、**新しい施設への投資は中止し、終活体制に入るべきだろう**。そして、**これからの需要を満たす電気とガスの需要を満たす産業に投資していくべき**だと言えよう。

2.　自動車産業 ― 自動車購入需要の減退 ―

　「所有からシェアへ」という考え方が、2010 年以降、世界中で急速に浸透している。Uber や Grab の影響で、自動車業界でもシェアリング・エコノミーの勢いが増してきた。この流れが自動車産業にもたらすインパクトは少なくない。クルマを所有する必要がなくなれば、自動車が売れなくなるからだ。

　ただし Uber や Grab については、これまでのタクシーの延長であって、価格が安くなったことによって、これまでバスで移動していたものをタクシー類に乗る機会を増やした程度のもので、まだまだ保有していたクルマを手放して、カーシェアに切り替える流れは、決して大きくないかもしれない。

　しかしながら、欧州を中心に、北欧やドイツの BMW やダイムラー社などの企業が、MaaS（Mobility as a Service：移動サービス）にシフトしている動きは見逃せない。

シェアリング・エコノミーは、リーマンショック以降、世界中で中間所得者層が貧困層に落ち込み、貧富の差が拡がったことで浸透している側面が大きい。彼らは、少しでも収入を得ようと、自分が所有するクルマを使って、空いている時間を他人に提供することを発見したのだ。

また、先進国では、Z世代は生まれたときにはすでに、モノがあふれていたこともあり、所有すること自体に価値を認めなくなっている。つまり、所有欲が薄れているため、目的が果たせれば、手段にはこだわらなくなっていることも一因だろう。彼らは、移動が便利なエリアに住み、クルマを持つ代わりに、安価な公共交通機関やUberを使って移動するようになった。

しかし、先進国内であっても、クルマがなくては不便なエリアは広いといえる。まだまだクルマは生活必需品だと考えられている。このニーズが完全に消えるには、まだ少し猶予はありそうだが、**MaaSの整備、自動運転車の普及、VR/ARの進化の３つが、この最後のニーズすら吹き飛ばしてしまう可能性**がある。

①　MaaSの整備

MaaSは、人が目的地に移動することをサポートするサービスだ。移動手段としては、クルマの他にも、飛行機や船、鉄道、バス、二輪車、自転車などがある。現在は、これらを一つずつ時間を確認し、必要に応じて手配をして乗換えをしているが、MaaSの理想像はこれらを一気通貫で手配できることだ。イメージとしては、Google Mapのナビ機能で、すべての交通機関の組み合わせの中から、最適な手段を選択できるしくみと考えていいだろう。

その選択肢の中に、「適切な時間」「適切な料金」「快適」の３つが満たされたものがあれば、人々はクルマを所有する必要がなくなる。

②　自動運転車の普及

自動運転車が普及すると、タクシーやUberから運転手が消え、ますます台数が増えるだろう。自動運転車の所有者の一部は、自分が使用しない時間帯は、駐車しておく代わりに、ロボットタクシーとして小銭を稼ぎに行ってもらうようになるだろう。自動運転車はEVでもあるだろうから、燃料としての電気代はガソリン料金よりも低いため、現在の乗車運賃の半額を占める運転手の

人件費の削減とともに、大幅なコスト減が実現し、それはそのまま乗車賃の低下に貢献する。

　それに伴い、より多くの人々が、時間や労力を節約するために、公共交通機関からロボットタクシーに切り替えるようになるだろう。ロボットタクシーの需要はますます増えるが、それに応じて供給も進む。ロボットタクシーで利益が出るとなれば、ワンルームマンション投資と同じような感覚で自動運転車を購入し、ロボットタクシーとして運用する投資家も増えてくるに違いない。

　この所有からシェアへの流れで生まれる供給サイドの需要は、クルマの売上増に貢献する。しかし、買い替えサイクルが伸びる可能性もあり、いずれ飽和状態になるため、シェアによる売上減を補うほどではないだろう。

③　VR/ARの進化

　シェアリング・エコノミーではないものの、移動ニーズが変わるという観点では、VR/AR技術の進化は、自動車の需要を劇的に減らしてしまうだろう。しかし、その進化を待つ前に、すでにコロナ禍によって生まれたさまざまな外出への制約が、移動のニーズを減らしてしまっている。それは特にビジネスで顕著だ。出社をしないリモートワークは、オフィスへの移動機会を減らしているし、営業での顧客訪問や出張は、ZoomやTeamsなどによるWeb会議でか

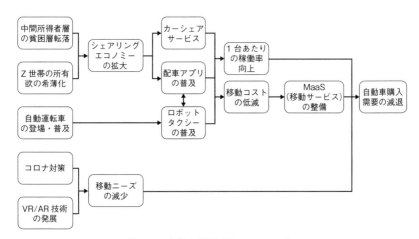

図1-3　自動車需要減退のメカニズム

なりの部分がまかなえていることに、皆が気づいてしまった。ワクチンが行きわたり、移動の制約が取り払われたとしても、元に戻ることはないだろう。

　ただ、そうはいっても、やはり現在の Web 会議ではもどかしい部分も多く、実際に会って話す必要性がまったくないわけではない。しかし、VR/AR 会議の没入感は、そのわずかなニーズすらも打ち砕いてしまうだろう。移動のニーズが減れば、クルマを所有する理由も減っていくに違いない。

3.　自動車産業 ─ EV 化と 3D プリンタの衝撃 ─

　政権が 2035 年までにガソリン車の販売を禁止すると言ったことに対して、トヨタをはじめとした業界から驚きの声が挙がったが、グローバル市場を考えると、もっと急速に進むだろう。そのけん引役は欧州市場だ。Volkswagen 社によるディーゼルエンジンの不正問題が発覚して以来、それまでの「ディーゼルならば環境負荷が低い」という免罪符がなくなり、欧州メーカー各社は全面的に EV 開発に舵を切ったからだ。また、米国でも Tesla 社を筆頭として、General Mortors 社も EV 生産に舵を切ろうとしている。そして、地球温暖化対策を重要視している民主党のバイデン政権が、就任直後の 3 月末にニューディール政策に相当する 2 兆ドルにもおよぶ新たな経済対策を発表した。そこで強調されたのはインフラへの再投資で、全米各地に EV 充電ステーションの設置を促進するとしている。

　日本のメーカーは、日本市場だけを相手にしているわけではなく、むしろ海外への輸出比率のほうが大きい。海外市場が EV にシフトするということは、ガソリン車を生産しても売れないということだ。日本市場が 2035 年までガソリン車を販売できたとしても、それに依存していたら、マーケットは縮小するばかりで未来はない。

　しかし、EV 化が拡がることは、日本の産業全体に大きな影響を与えることになる。日本の製造業の 5 割以上は自動車産業（メーカーの下請け）と言われているが、このほとんどが仕事を失うからだ。EV 車は極端な話、モーターと車輪がシャーシに付いていればよい。**部品の数はガソリン車が 3 万点とすると、EV は 1/10 の 3 千点以下で済むと言われている。単純に 2 万 7 千点の部品をつくって

いた工場は、仕事を失うことになる。

　EV化が進むと、自動車1台あたりの価格は暴落するだろう。家電やラジコンカーと同じで、部品を手に入れれば、誰でも組み立てられるようになるからだ。安全性についても、部品点数が少ないものを組み立てるだけなので、設計がしっかりしていれば、どこで誰が組み立てようと危険になることはないからだ。

　また、現在のEVの車両価格がガソリン車に比べて高いのは、バッテリーに負うところが多い。バッテリーが車両価格に占める割合は50%近くあるとされているからだ。しかし、リチウムイオンバッテリーの価格は、この10年間で1/10になっている。そして、これからも価格の低下は進むと言われている。燃料代が圧倒的に安いEVは、すでにトータルコストではガソリン車よりも経済的とされているが、バッテリー価格が下がるだけで、車両価格もガソリン車よりも安価になる。

　このようにEVの家電化とバッテリー価格の低減の2つの効果で、自動車は経済的にもガソリン車からEV車へのスイッチがますます促進される。政府が設定した2035年を待つまでもなく、ガソリン車は売れなくなり、EV化がますます促進される可能性は高い。

　そして、さらに追い打ちをかけるのが3Dプリンタによる部品製造だ。自動運転のコミュニティーバスOlliを3Dプリンタで製造し、世界7都市に納入しているLocal Motors社によると、3Dプリンタで部品を製造すると、従来の金型で部品を生産する場合に比べて、部品点数はさらに9割減るとしている。

　つまり、これまで3万点の部品を必要としていた自動車は、EV化と3Dプリンタ製造の両方で1/100の300点の部品で済むということだ。3Dプリンタで部品が減る理由は、3Dプリンタだと複雑な形状の部品をつくれるからだ。従来の部品のつくり方は、金型に溶かした金属やプラスチックを入れて冷やしてつくるが、冷やす温度が部品全体で均一でないと強度に問題が発生するために、複雑な形状のものをつくることができなかった。したがって、比較的シンプルな形状のものをボルトとナットでつなげる必要があったのだ。

　このように、3Dプリンタで部品をつくるようになると、99%の部品は不要ということになる。3Dプリンタでつくられた部品の強度についても、急速に改善されている。いまや自動車よりもはるかに軽量で強度が要求されるロケット部品

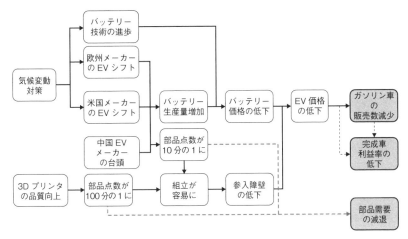

図 1-4　EV 化と 3D プリンタがもたらす衝撃

ですら、多くのパーツを 3D プリンタでつくっているスタートアップが打ち上げに成功しているので、概ね問題ないはずだ。

　一方で、3D プリンタで製造される自動車は、比率としてはそう多くはないかもしれない。なぜなら、3D プリンタは金型による部品製造やプレス加工に比べると、製造スピードが遅く、大量生産に向かないからだ。

4.　金融業と FinTech

　金融業といえば、伝統的に儲かる商売であり、すべての産業の頂点に立っていたといっても過言ではない。中央銀行から貸与されたお金を使って、企業に融資をして利息を受け取ったり、企業が一般から出資金を集めるのを取りまとめたり、企業同士のお金の受け渡しの間に入って、商品・サービスと対価が適切に交換されることを保証したり、お金を一定期間預って、資産を増やす手伝いをしたりする業務を担ってきたのが銀行である。日本では証券会社は銀行とは別と考えられているが、欧州では伝統的に銀行は証券業務も保険業務も行う。米国では、日本と同様にこの 3 つの業務は分割させられているが、証券会社のことは投資銀行（Investment Bank）と呼ぶ。いま、その金融業をこれまで伝統的に担ってき

た企業が、FinTech を駆使する IT を武器とした新規参入業者に追い込まれつつある。

　アフリカのケニアに M-Pesa というサービスがあるのは有名だ。このサービスは学生がつくったプログラムを、ケニアの通信会社が利用して、ケニアであまり普及していなかった銀行サービスを提供している。なぜ、このサービスが有名かというと、これまで長い間金融サービスにアクセスできなかった人々に、デジタルテクノロジーを使って、あっさりと広く低コストで提供できるようにしたからだ。しかも、同じことは先進国でもできない理由がなく、それが普及すると、伝統的な銀行サービスが長い間提供できなかった、「低コストで高速なサービス」が提供できてしまうのだ。

　金融サービスとは、民間からみれば、お金を融資し、お金を安全に保管し、保管することによってお金を増やす（運用）することができ、特定の第三者に確実に受け渡せる（送金できる）サービスだ。それまで、ケニアの人々の多くがこのような金融サービスにアクセスできなかったのはいくつか理由がある。

　まず、それまでの金融サービスは、先進国で伝統的にある金融業と同じように、書類ベースの業務が中心で、一つひとつの業務処理に手間がかかったことと、人が集まる場所に堅牢な金庫を備えた支店を構える必要があったために、費用がかかったのだ。当然、その費用は顧客に転嫁されるため、その費用に見合った金額規模の取引ができる人や企業しか、口座をつくることができなかった。さらには、複数都市に支店を展開する場合、支店間の現金の移動には、山賊やゲリラなどに襲われて奪われるリスクがあったため、地方各地に支店を構えることが困難だったこともある。

　M-Pesa は、携帯電話の SMS の通話時間を現金と等価にしたクレジット（電子マネー）を使って、まずは送金手段と、資金の保存手段を提供した。さらには融資も受けられるようにしたため、携帯電話の普及とともに利用者が増えたのだ。いまや、同様の仕組みは模倣され、世界中の新興国に広がっている。

　そして、先進国でも**ネオバンク**と呼ばれるネット専用銀行や、PayPal や Stripe のような資金決済業者、はたまた東南アジアで配車アプリを展開する Grab までもが、**スマホアプリをウォレットとして、同様のサービスを展開**するに至っている。これらのサービスがあれば、**伝統的な銀行を必要とする機会はほとんどなく**

なる。欧米中の銀行は、これらの FinTech 企業や、産業の垣根を容易に超える中国の Tencent 社や、Ant Financial 社、Grab 等に顧客を奪われている。具体的には、送金などの手数料業務が奪われているのだ。

　FinTech 企業が、伝統的な銀行から送金などの手数料ビジネスを奪うのはとても容易だ。手数料を極限まで安くすることができるからだ。従来の銀行は IT 化が進んでいるといっても、紙ベースでの業務がまだまだ多い。顧客が新規口座を開設するためには支店に出向いてたくさんのドキュメントに手で記入し、署名しなくてはいけない。身分証明書も実物を持って、行員はそれを目で確認し、コピーを取って、顧客に記入してもらった口座開設資料とともにファイルに閉じて保管している。米国や、フィリピンのような新興国では、いまだに送金は小切手で行われることも多いため、紙の小切手を大切に処理・保管しなくてはいけない。

　一方で、FinTech 企業は、こういった紙を一切必要としないし、支店すら必要ない。顧客は口座開設も送金手続きも、スマホで完結できる。本人確認も、その場で身分証明書を持って自撮りをした写真を送るだけで済む。写真に写っている人の顔と身分証明書に写っている顔が一致すれば本人だと認定できるからだ。どちらも偽造したものであることを防ぐためには、スマホアプリが顧客に都度秘密の文字を書かせた写真を送らせたり、舌を出した写真や片目を閉じた写真などのいくつかのバリエーションをランダムに指示して写真を撮らせたりすることで、あらかじめ用意された写真でないことを証明させているところもある。

　送金やお金の受け渡しも、小切手などの紙も不要で、キャッシュカードやクレジットカードも不要だ。QR コードを読ませれば済むからだ。PayPay や LINEPay をイメージしてもらえれば理解できるだろう。日本にあるこれらのサービスは、中国をはじめとした海外の FinTech サービスを模倣したものだからだ。

　FinTech 企業は支店を開設する必要もないために**家賃が不要**だし、社員をほとんど雇わなくてよいので**人件費もほとんどかからない**。口座開設時の本人認証も AI で画像認識させることで、ほとんど無人で行うことができる。情報漏洩のほとんどのケースは人為的なミスか、人為的な犯罪によるものだから、**人間が業務に携わる機会が少ないことで、セキュリティ対策へのコストも半減**できる。固定費は情報システムの開発費用の減価償却費と運用保守費用くらいのものだ。その

システムも Amazon 社の AWS や Microsoft 社の Azure といったパブリックク
ラウドで動作するようにしているため、**ユーザー数やトランザクション数がどん
なに増えても、コストはそれほど増えない**。これを「**限界コストが低い**」という
のだが、これによって、ユーザーを増やせば増やすほど、トランザクションが増
え、トランザクションを増やせば増やすほど、手数料収入が増える。手数料を伝
統的な銀行より 1 桁下げても、利益は FinTech のほうが大きい。

　そもそも**金融サービスは無人で完結する**。

　なぜなら、**いまの時代、お金はデジタルデータだからだ**。電子マネーのことを
言っているのではない。銀行間の送金では、実際に紙幣が移動することはなく、
お互いのデジタルデータの数字を変更しているだけだ。われわれが手にしている
紙幣や貨幣は、補助的なものでしかない。お金を貸し付ける際も、貸し付け金の
残高と相手の口座の残高をそれぞれコンピュータ上で同額増やせばよいだけだ。
振込などの送金については、一方の口座から残高を減らし、他方の口座にその金
額から手数料を引いた分だけ残高を追加すればよい。預金に対する利子について
は、一定期間にその口座に入っていた残高の総和に対して金利を掛けて、その金
額を口座の残高に追加するだけだ。融資の場合は、その逆で、口座の残高から金
利を掛けた分だけ減らせばよい。これらは、伝統的な銀行で数十年も前から行わ
れていることだ。

　このように、**金融サービスはすべてデジタル化・自動化できるはずだ**。図 1-5
は、金融サービス全体を機能で分けたものだが、これらはすべてデジタル化・無

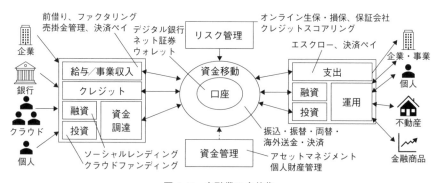

図 1-5　金融業の全体像

人化できる。それを理解して、ゼロから金融サービスをつくったものがFinTechなのだ。したがって、本来は誰でもできるのだ。根本的には、金融業の存在意義が薄れていると言ってよい。誰でもできる仕事に対して高い対価を払う者はいないからだ。いまの金融業を守っているのは、政府が「信用」を認めてその事業を行う許可をしたための事業免許だけだ。規制が緩くなれば、この産業の価値はなくなると言ってもよい。

5. 医療産業

　医療産業も、これから劇的に変化する産業の一つだ。医療産業といっても、医療従事者と、その集団としての病院・クリニック、製薬会社、医療機器メーカーなどがあるが、そのすべての収益源が失われることはない。AIで医者が不要になるようなことは、おそらく今後30年以内には起こらないだろう。しかし、健康診断を専門で行っている業者と、高額医療機器メーカーは、厳しい時代を迎えることになるだろう。

　一つの大きな動きは、身体のIoT技術の進化だ。図1-6のように、いまは血液検査で身体の健康状態を測定しているが、そう遠くない未来に、Apple Watch

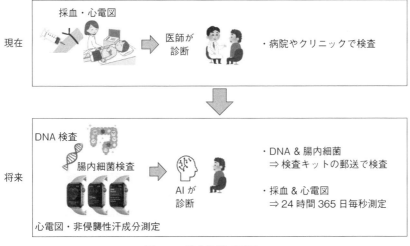

図1-6　健康診断は不要に

や FitBit のような非侵襲性の（身体を傷つけない）ウェアラブルデバイスが、汗の成分を計測することで、血液成分の測定と同等の結果を得ることができるようになるだろう。現在でも、血糖値や尿酸値は非侵襲性のウェアラブルデバイスで測定できている。コロナ禍で話題になっているパルスオキシメーターは、身体を傷つけることなく脈拍数と同時に、血中酸素濃度を測定できる。

このようなテクノロジーが、医療用ではなく、消費者用のガジェットとして普及するようになると、**人々は 24 時間 365 日、身体の状態を知ることができるだけでなく**、その測定データがクラウドに上がることによって、**AI が医者の代わりに診断**をすることが可能になる。AI が医者を不要にするわけではなく、AI が医師による治療の要否をスクリーニングする役割を担う。これによって、病院の待ち時間は劇的に減るはずだ。

いまや、人間の DNA すべてを解析するコストは数万円レベルまでのところまで来ている。そんな DNA を測定してクラウドに上げておくことで、AI は血液成分に加えて、それぞれが持つ遺伝子コードに応じた診断ができるようになる。ここに、定期的に腸内細菌やアレルギー検査を加えることで、さらに診断の精度は上がる。

ウェアラブル機器による**バイタルや血液成分の測定は、毎秒行うことも可能**だ。そして、この頻度で測定できるようになると、製薬業界が大きく変わる。なぜならば、薬剤を飲んでからそれが血液成分に与える影響がデータで測定できるようになるからだ。身体の大きさや病状、もともとの血液成分によって、クスリの効能は異なるはずだが、これまではそれが見えなかったため、クスリの分量の調整は数日に 1 回くらいのタイミングでしかできなかった。

しかし**毎秒測定できるようになれば、次の食事からは量を増やそうとか、減らそうといった指示が、医師もしくは AI からスマホに届ける**ことができる。あるいは、クスリの効き目が悪ければ、すぐに別のクスリを処方することもできる。そして、製薬会社もそのデータを使うことで、遺伝子や保有しているアレルギーによって、クスリの効能の違いを見つけやすくなるからだ。

血液成分を毎秒測定できるようになるメリットは、それだけではない。**食べ物を口に入れたときに、それぞれの身体の中で、それがどのように作用するかが手に取るようにわかる**からだ。どのような食品が身体に良いのかは、人によって異

なることがわかり始めている。病気の治療中の患者が、何をどのくらい食べると、どの血液成分が健康を害しかねない量に増えるのかがわかるようになれば、多くの人が食べ物に気をつけるようになり、食べすぎや栄養の偏りに由来する病気の発生や進行を防ぐことができるようになる。

　健康体であっても同じだ。米国の国立ロス・アラモス研究所（広島・長崎に落とした原爆を製造したところだ）の細菌・微生物の研究成果を、独占的に民間利用できる権利を得ている Viom 社は、同研究所の研究成果を用いて、腸内細菌の検査キットを販売している。同社の社長によると、人々は身体に良い食べ物は、万人に良いと一般的には考えられているが、じつはそうではない。彼自身が検査した結果、彼の腸内細菌の組み合わせは、ほうれん草やブロッコリーが腸内で酸を過剰に分泌し、腸壁を傷めて腫瘍や潰瘍の原因をつくり出すということがわかった。このようなものも、食べ物を口にした後の、血液成分の変化から発見することができるかもしれないのだ。

　テクノロジーが変えるのは、血液検査だけではない。現在、身体の内部を画像診断するためには、1台数千万円～数億円する CT や MRI の測定機器を設置してある病院や検査機関に訪れて、計測するしかない。そして、計測には CT で5～10分、MRI は小1時間、拘束されることになる。拘束されるのは患者だけではない。高額な測定器と、それを操作する検査技師の時間も拘束される。

　ところが、ハイパースペクトルカメラという異なる周波数の光や音の波を物体に照射してその反射波を測定するカメラを使って、測定した反射波を AI で画像解析することで、物体の内部の状態を見ることができる技術がある。X線のような身体に悪影響を与える光ではなく、近赤外線や超音波のような光を当てるだけだ。Exo イメージングという企業が、このカメラと画像解析をタブレットくらいの大きさの商品として開発し、医者向けに10万円程度で販売している。この画像の精度が増していけば、もはや数千万円もする CT や MRI は必要なくなる。

　さらには、これが鏡として、各家庭に普及するようになると、365日ほぼ毎日、誰もが輪切り映像を撮影し、クラウドに上げることが可能になる。この画像を、AI が日々比較しているだけで、腫瘍などが成長していく状態を見つけるようになるだろう。がんをステージ0で発見することができるようになるわけだ。このようになってくると、もはや**年に1回の健康診断や人間ドックは不要にな**

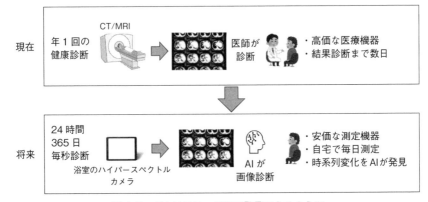

現在　年1回の健康診断　CT/MRI　→　医師が診断　・高価な医療機器　・結果診断まで数日

将来　24時間365日毎秒診断　浴室のハイパースペクトルカメラ　→　AIが画像診断　・安価な測定機器　・自宅で毎日測定　・時系列変化をAIが発見

図1-7　がんはステージ0で発見できるように

るだろう。

6. ネット社会で、国の法律はどこまで有効なのか？

　われわれは、普段慣れ親しんだ環境をあたりまえのものと勘違いしやすい。その一つが国境だ。日本は四方を海で囲まれているため、異国からの侵入者を防ぐのは比較的容易だ。そのために、われわれは独自の言葉を維持してこられた。そして、日本語という言葉は、英語やスペイン語、中国語とは語順が逆であるという特異的な性格をもつために、機械的な翻訳が困難だった。このことが、日本の市場を海外企業から守ってきたという特徴をもっている。ブルーカラーの仕事は国境（と入国管理制度）が守ってくれ、インターネットがこれだけ普及した現在でも、**ホワイトカラーの仕事は日本語の特異性が守ってくれている。**

　グローバルの労働市場は熾烈（しれつ）だ。フリーランサーがネットで仕事を得る方法に、Freelancer.com というサービスがある。日本ではランサーズというサービスがそれに相当する。日本人も Freelancer.com を利用することは容易だが、英語ができないと厳しい。この Freelancer.com では、デザインを依頼したいときや、プログラムを開発してくれる人を探すときなどに、広く公募することができる。一度募集すると、次々と世界中から応募してくる。費用もさまざまだ。フリーランサーからしてみると、非常に厳しい市場だ。特に先進国のスキル保有者

は、途上国の格安な単価と競争することになるからだ。米国に在住している専門家でも、インドやアゼルバイジャン、ケニアなどの専門家と競争しなくてはいけない。彼らの単価は 1/10 だ。

　ランサーズなど、日本にある同様のサービスでも、価格競争は存在する。しかし、1/10 の単価でやってくれる専門家はいない。それなのに、なぜランサーズで依頼するかというと、それは言葉の問題だ。したがって、言葉の問題がなくなれば、仕事を依頼する側は Freelancer.com を利用するようになるだろう。そして、まもなくその日は来る。Google 翻訳は日進月歩で品質を向上させている。以前は、さっぱり意味がわからなかったが、いまではかなりの部分で普通に翻訳してくれるようになっている。

　こうなるとフリーランスの仕事だけでなく、**ホワイトカラーの仕事のさまざまな分野で海外に在住している外国人と仕事を奪いあう状況になる**だろう。アメリカでは、新米の会計士の仕事は、ほとんどインドに奪われてしまった。それも、もう 20 年も前のことだ。

　このように、安心だと思っていた環境が突然姿を消すという現象は、さまざまな領域で、しかも思いがけないところから現れる。法律で守られていても変わりはない。前述のアメリカの会計士の仕事がインド人に奪われてしまったのも、本来であれば法律で守られていたはずだ。アメリカでは、州ごとに会計士の営業資格が与えられるため、州をまたがった仕事すらできない。したがって、それぞれの州の資格をもつ会計士が集まってオフィスを構えるのだが、それだけ厳しい法律のはずだった。

　しかし、資格がなくてもできる計算業務や、書類作成業務があったのだ。法律では、作成された書類に対して会計士が監査すればよかったのだ。書類作成作業などは、それまでは会計士の見習いや若手会計士が担う仕事であったが、規則さえ覚えれば、誰でもできる仕事でもあったため、人件費の低いインドに移したというわけだ。

　このような盲点は、言葉や労働の問題だけではない。例えば医療も同じだ。メディカルツーリングというものが、国境を越えて医療を受ける世界中の富裕層に注目されたことがあったが、手術のない医療行為は、移動することなく国境を越えて受けることができる。前項で医療産業について紹介した中で、ウェアラブル

デバイスが測定したデータを AI が診断するということは、現状の日本の法律では認められていない。法律で認められていない以上は、日本の法人が国内でこのようなサービスを始めることはできない。しかし、「だからやらない」という判断は、産業を手放すことにつながるのだ。

　日本の法律が禁止しようと、しまいと、海外でこのようなサービスが開始され、日本に居住している日本人が、ウェアラブルデバイスが測定したデータをその海外のサービスが指定するクラウドにアップロードするように設定すれば、そのようなサービスを受けることができるからだ。

　これに対して、日本の法律は何の効力ももたない。そして、AI が診断すること自体は、個人にとってリスクはない。むしろ、より詳細な身体の健康データを基に、統計的に判断されるので、1 年に 1 回限られた検査項目だけを検査した結果に頼るいまの診断よりは、命に関わる病状を早期発見できる可能性は高いことは間違いない。これは、パイロットが昔のように有視界飛行しているのか、いまのように計器を見ながら操縦しているのか（ほとんど自動運転）の違いみたいなものだ。病状の見逃しは明らかに減る。過剰に敏感に診断されて、病院に患者が殺到するリスクはないとはいえないが、それは患者個人にとってのリスクではない。不安になるのはセキュリティだけだが、それは利用者がリスクとベネフィットを比較して決めることだ。

　後になって、厚労省が AI 診断を認め法制化された頃には、他国ですでにそのようなサービスを始めている企業がいる。そのサービスが提供している AI は、すでにかなり多くのデータを基に学習している一方で、後からサービスを開始した日本企業の AI はゼロから学習を始めるわけだから、精度は圧倒的に低い。AI の精度の差はサービス品質に直接つながる。

　さらには、いくら日本企業の AI が必死になって追いつこうとしても、先行してサービスを開始している企業の AI も、同じように症例を重ねていくため、追いつくことは難しい。

　消費者も、積み重なったデータを捨ててまで、新しく始まった日本のサービスに移行しようとは思わないだろう。つまり、これは先行した企業が得をする産業なのだ。

　法律の範囲内で賢く動かないと、将来に禍根を残す。少なくとも、AI による

診断が違法でない国で、その国の国民向けにサービスを開始するなど、経験を積み始めるほうが、有利になることは間違いない。

7. 特許制度の危機？

これまでの話とは少し毛色が違うが、知財についても価値が 180 度変わるだろう。もう少しはっきり言うと、**近い将来、新たな特許申請は受諾されなくなるに**違いない。

なぜなら、AI が新しいアイデアの組み合わせを考え出して、世の中に具現化するからだ。すでに世の中にあるものを、人間が初めて書類にして申請したとして、その権利を守る必要があるのか？　という問題が発生するからだ。

そして、**AI が生み出した新しいアイデアに対して、それを守る権利を認める必要があるのか？**　という問題でもある。

この知財の問題は、特許よりも楽曲の著作権でより早く適用されるかもしれない。例えば、考えられる何万通りものフレーズの組み合わせすべてを著作権として申請することは、申請料の負担がなければ、それほど難しい話ではない。

もし、これらすべてが著作権として認められたら、これより先は、誰が新しい楽曲をつくろうと、すべて著作権として登録済であるために、新たな著作権として認められなくなる。すでに海外でこれを行って、著作権登録された音源を、著作権フリーで公開したケースがある。同じことが、特許でも起こるに違いない。

Chapter 2

なぜ商品が売れなくなっているのか？

　世の中、モノが売れない時代になっている。これは、日本に住んでいる多くの人が感じていることだと思う。コロナ以前であれ、都会であれ、地方のロードサイドであれ、小売店はいたるところにあり、それぞれの店には大量の商品が陳列されている。しかし、店内には顧客がほとんどいない。

　この理由としては、さまざまなことが考えられる。まず人口が減っているから。特に新しいモノに目がなく、もっとも消費意欲の旺盛な20代が減っており、かつ、30代〜50代の子育て世代の収入も減って購買力も落ちているというのもある。さらには、顧客の多くが、EC（電子商取引）に移行しつつあるというのも大きな理由だろう。

　人口が減っているのは、いまのところ日本だけの現象だ。しかし、もうじき中国も少子高齢化を迎える。あと何年かすると、これまでのような爆発的な消費力を期待できなくなるだろう。

　一方で、まだしばらく人口が増えていく新興国はどうだろうか？　コロナ以前にたびたびタイやマレーシア、フィリピン、インドネシア等の東南アジアを訪れて感じたことは、街の活気だ。人々は、繁華街に繰り出し、買い物や飲食を楽しんでいた。全体的な消費量は間違いなく伸びている。しかし、コロナ禍で人出が減り、店の売上も減っているはずだ。はたして、元の生活に戻ることはできるだろうか？

　また、小売店からECへのシフトは、世界中で進んでおり、新たな問題を引き起こしている。ECにシフトしたとしても、モノが売れることには変わりない。しかし、自社のモノが売れるとは限らない。インターネット上の店舗は無数にあるため、店舗間の競争はもっと熾烈になるからだ。また、インターネット上のスペースは無限だ。EC店舗を立ち上げるためのコストも、いまやほぼゼロ円で済むようになった。これだけ参入障壁が低くなると、モノさえあれば、誰でも商売ができるようになる。メルカリのようにスマホで写真を撮って、そのまま販売できるサービスが普及することで、中古品とも競争が発生している。このように、似たような商品がたくさんあると、自社の商品や店舗が顧客に選ばれる確率は下がりつづけて売上が減少し、さらには価格競争が起こるので、売れたとしても利幅はとても薄くなるのだ。

1. 新興国でもモノが余り始める

　前述したように、人口が増加しており、若年層の人口がいまだに増え続けている東南アジアや南アジア、アフリカのような国々では、コロナ以前の消費は活況だった。こうした活気のある新興国では、コロナ後にはまた活況が戻るという期待はあるが、不安な要素も少なくない。これらの国もモバイルインターネットが普及し、コロナ禍で配車アプリの Grab などが宅配ビジネス（Grab Delivery）を急速に拡げたため、EC の土壌が整いつつある。人々の買い物をする場所は、小売店から EC にシフトしていくだろう。ワクチンの普及でコロナの不安がなくなったとしても、この流れが止まることはなさそうだ。

　このように、小売店（EC を含む）にとっては、商品を仕入れることは容易になったものの、競合店が増えたことにより、顧客が自社店舗から購入してくれる確率はますます減る傾向にある。小売店に商品を卸すメーカーにとっては、卸し先の小売店が増えれば、委託販売でない限り、それだけで売上は上がりそうなものだが、じつは同じようなものを生産するメーカーが増えているので、自社が生産した商品が売れる確率は必ずしも上がるとは限らない。

　つまり、あらゆる分野で供給過多が起きているにもかかわらず、メーカーは増え続けている。その理由を、テレビを例にして説明しよう。

　1990 年代初頭まで、世界のテレビメーカーの中心は日本だった。松下電器、日立、東芝、シャープ、三洋、SONY などがグローバル市場を席捲していた。その当時のグローバルでの消費市場と言えば、欧米、日本が中心だった。

　各メーカーは、他社との差別化を図るため、より高性能で大型なテレビの開発にしのぎを削った。その結果、1 年に何度も新製品が発表されてきた。新製品が市場で発売されると、それまでの型落ち品は、安売りされるようになる。

　消費市場のニーズも変化していく。当初は、一家に 1 台あれば良かったが、生活レベルが上がるにつれ、子ども部屋にも 1 台ずつテレビが欲しくなってくる。リビングにあるテレビは大画面で高機能なものが求められたが、2 台目以降のテレビは、安さとほどよい大きさが求められた。つまり、型落ち品がそこで売れたのだ。

その当時は、日本の経済発展を追いかけて、シンガポールや香港、韓国、台湾の経済が少しずつ発展してきた。NIES（Newly Industrializing Economies）である。彼らは、欧米や日本の生活レベルに憧れ、各家庭は家電やテレビを欲した。当時の彼らにとっては、日本製はとても高すぎた。そこで、韓国や台湾のメーカーが日本から技術供与を受けながら、彼らでも購入できる価格帯の商品を生産し始めた。

　1990年代初頭に日本のバブルが弾け、国内の消費が滞り始めたタイミングで、中国の経済自由化が始まった。その結果、多くの中国人の消費意欲を満たすために、各メーカーは中国に合弁会社や工場をつくって、中国人のテレビニーズを満たそうとした。中国の市場は沿岸部だけでも、日本の数倍ある。日本の市場が飽和し始めた時期に、過去の累積販売台数の何倍もある市場が誕生したのだ。

　各メーカーが中国の企業に技術供与して、中国の工場で生産したのは、中国政府が自国の産業政策の一環で課した条件だった。したがって、中国市場で利益を上げるためには、それしか手段がなかったし、無視するには、あまりにも惜し過ぎたのだろう。また、NIESの市場がそうであったように、1990年代の中国人の可処分所得では、型落ち品でさえ日本のテレビは高すぎて買えなかったこともあった。

　韓国・台湾・中国で生産されたテレビは、その当時の低い可処分所得の国々の消費者が購入可能な価格だった。当初は、品質が悪いのが当然だったが、それも次第に改善していった。そして、品質が許容できるレベルにまで上がってくると、欧米市場を日本企業から奪い始めた。

　各家庭の2台目需要は、高性能のものでなくてよい。また、一人暮らしを始めて間もない若者世代が購入するものも、安価であることが求められた。SamsungやLGといった韓国メーカーは、海外でのマーケティングが優れていたこともあり、またたくまに日本メーカーの牙城を切り崩していった。その後を追うように、台湾のTatung（大同）、TECO（東元）、CHIMEI（奇美）、中国のハイセンスやTCLなどのメーカーが次々と世界市場に参入してくる。

　これらは、テレビ市場で起こってきたことだが、テレビは一例でしかない。白物家電、パソコン、スマートフォンなどの電気製品だけでなく、100円均一ショップで販売されているようなすべてのモノで、同じことが起こっている。

　しかし、今後もこれらの企業が市場をリードするとは限らない。韓国・台湾・中国メーカーは、自国の経済成長が進むに連れ人件費が増えるため、より可処分所得の低い市場ニーズを満たすためには、生産拠点が東南アジア、南アジア、アフリカと、人件費の低い国々に移っていくからだ（図2-1）。

　つまり、未開拓な新興市場を満たすための商品を生産するには、その新興国の可処分所得に見合う金額でつくらなくてはならず、生産拠点も人件費の低い新興国に移るというのが、これまでのパターンである。じつは、日本が製造業メーカーの中心だった時代の前にはアメリカ、その前はヨーロッパがその地位にいたのだ。そして、かつてのメーカーだけでなく、これから生まれてくる新興国のメーカーも、全社が同じ市場に商品を投入することになる。供給過剰になって当たり前だ。この供給力が人口増加を上回る速度で成長しているのだとしたら、相対的に売上は減る。

　モノが売れなくなる理由として、供給が増えすぎているからという話をしてきた。しかし、**モノが売れなくなる理由は、人口増加を上回る速度で、供給が増えたからだけではない。もう十分満ち足りているから、欲しいと思わない**のだ。

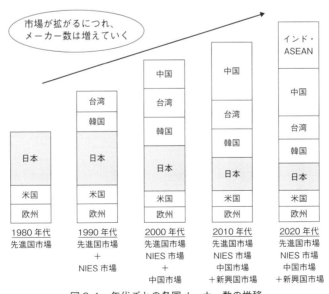

図2-1　年代ごとの各国メーカー数の推移

2. 豊かになり、所有欲がなくなる

　モノが売れなくなっている理由は、供給が増えすぎているからだけではない。すでに豊かになっている先進国市場において、需要が減っているのも理由だ。すでに保有していて、コモディティとなってしまったからだ。

　世の中に冷蔵庫がなかった時代に、冷蔵庫が出てきたら、当然冷蔵庫は欲しくなる。それまで毎日氷屋から氷を買って、クーラーボックスのように、木箱に氷と冷やしたいモノを一緒に入れていたのに比べれば、いつでも冷えているものを取り出せるし、氷が溶けきって、冷やしていたものが温かくなってしまう心配から解放されるからだ。

　しかし、製氷室が付いた冷蔵庫ができると、冷やすだけでなく、水を氷にできるので便利だ。凍らせておきたいものがあれば、冷凍室が欲しくなる。野菜室が付くと、野菜をみずみずしく保てるようになる。家族が増えると、冷蔵庫のサイズも、大きめのものが欲しくなる。そうやって、次々と買い替えてきた。しかし、もはや追加で欲しい魅力的な機能は思いつかないため、壊れるまでは、いまのままを使い続ける選択をとるようになる。

　テレビがなかった時代にテレビを購入したら、娯楽の幅が広がり、生活の質が豊かになった。そのテレビが白黒からカラーになれば、カラーテレビが欲しくなる。大画面になれば、より迫力のある映像が楽しめる。ブラウン管が液晶になると、スペース効率が良くなるし、画像のチラつきもなくなって、よりクリアな映像を楽しめる。人々は、そうやって少しずつ性能が良いものに買い替えてきた。そして、もはや追加で欲しい魅力的な機能は思いつかない。すると、壊れるまでは、いまのままを使い続ける選択をとるようになる。

　iPhone も同じだ。バージョンアップの度に、次々と性能が良くなり、機能も増えていくと、新しいものが欲しくなる。しかし、ある程度までバージョンアップが進むと、無理に買い替える必要性を感じなくなってくるのだ。

　Z 世代の消費傾向が、これまでの世代の消費傾向と大幅に違うのはそのためでもある。特に先進国の Z 世代は、生まれて物心ついたころから、すでに何でも揃っていた。冷蔵庫の中がいくつもの部屋に分かれているのはあたりまえだし、

コンビニがあるから、すぐに冷えたものが欲しければコンビニに行けばいいので、冷蔵庫がなくても、そんなに困らない。テレビは、そもそも見なくなっているし、YouTube やアマゾンプライム、Netflix 等は、スマホやタブレットの画面で見られるので、無理して買うものでもなくなっている。

　都心で若者がクルマに乗らなくなったのも、クルマを保有していることがステータスではなくなり、デートに誘いやすくなるツールでもなくなったからだ。ベンツや BMW、ポルシェだって、街を歩いていれば、いくらでも走っているので、特にうらやましいとは思わない。むしろ、あたりまえ過ぎて、走っていたとしても、気づきもしない。

　ファッションも、流行に左右されないベーシックな服の組み合わせで十分だし、それにワンポイントとなる布切れが1枚あるだけで、お洒落と見なしてくれるようになった。日本では、いまだにヴィトンのバッグには価値があるようだが、ブランドファッションに身を包んでいないと恥ずかしい時代は終わり、大きなブランドロゴを着けて歩いているほうが恥ずかしいという時代になっている。

　ソーシャルメディアの普及と、そこでの自己表現があたりまえになってくると、ブランド品を身に着けるよりも、自身のアイデンティティを友人たちにアピールするためには、自分の世界観を表現するほうがしっくりくる。毎シーズン、新作の服を買う代わりに、中古でも自分のテイストにあったモノを手に入れ、そこにその瞬間の自身の世界観を表現する工夫を加えるようになっている。若者にとっては、世界観は成長に伴って毎年移り変わるものだから、モノはストックする理由がなくなる。ストックではなく、フローと考えるため、所有欲も発生しないのだ。

　どこにでもあたりまえにあるものは、必要なときに使えればよくて、自分の所有物かどうかなどまったく気にならない。中古のものを安く手に入れ、不要になったら、またメルカリで売る。加工する必要のないものは、レンタルすればよい。

　メーカーにとって、モノが売れなくなっていると感じる理由は、こういう意識の変化によるものでもある。皆、コモディティ（あることがあたりまえ）になってしまったため、安くてニーズを満たせれば、何でもよくなったのだ。したがって、新品である必然性もなくなり、新品を買わなくなっているのだ（図2-2）。

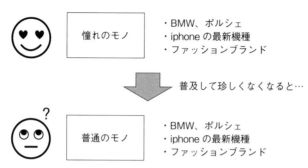

図2-2　普及してしまうと、コモディティとなり、価値がなくなる

　こうした所有欲の欠如は、先進国のZ世代だけではない。それ以後の若い世代も当然所有欲はないだろうし、中高年世代でも所有欲は薄れている。新興国の人々も、生活に豊かさを感じるようになり、同様の消費傾向となる日は遠くない。

3. 財布を奪うのは誰？

　所有欲がなくなったと言ったが、所有欲がまったくないわけではない。所有欲があったとしても、懐事情を考えたときに、選択の余地すらなければ、はじめから代替手段しか考えないのだろう。

　1990年代、日本の音楽市場は絶頂期だった。CDの売上数が100万枚以上の楽曲やアーティストは、この頃が一番多い。しかし2000年代に入って、急速に萎んでいき、いまではCDの売上がないどころか、CDプレイヤーを保有している人すら絶滅危惧種になっているのではないだろうか？

　日本でCDが売れなくなった理由は、ネット配信やダウンロード販売が原因と思われているが、じつは違う。理由は、日本人がカラオケボックスに行かなくなったからだ。当時は、カラオケボックスが全盛で、学生だけでなく、サラリーマンであっても、流行りの曲を誰よりも先に歌うために、新譜を購入したりレンタルしてダビングしたりするニーズが多かった。若者がカラオケボックスに行かなくなった理由は、カラオケボックスに行く予算も時間もなくなったからだ。その予算は、携帯電話の通信費に奪われてしまったのだ。

　このように、**人々の財布の中身を奪う競争が起きている**。総務省の粋な計らい？で、スマートフォンの通信費が月額2000円台に下がることで、月数千円の予算が浮くことになる。コロナで収入が減ってしまった家計では、この浮いた予算はそのまま生活費や借金返済に吸い込まれてしまうかもしれないが、そうでない世帯は、この浮いた予算をどこに費やすだろうか？

4. 価値観の多様化と多品種少量生産

　人々の生活が豊かになり、満ち足りるようになると、多くのモノはコモディティになり、単なるモノに価値を見いださなくなることは前述した。そして、ソーシャルメディアの普及によって、人々はメディアからの情報を受け取るだけでなく、自ら発信し始めた。SNSによって、人間関係の輪が大幅に拡がることで、人々は自らが所属するか、所属したいと思っているコミュニティの中で、自らの存在が希釈化されることに寂しさを感じ、自らの存在を認めてもらいたいという欲求が生まれてくる。インスタグラムに、目にした花や風景、一緒に過ごした仲間たちの写真を毎日投稿したり、Tik-tokでダンスを披露したり、YouTubeで番組を配信したりするようになっている。

　かつてないほどに、多くの人が、それぞれの感性を大切に扱い、その感性に合った日常に価値を見出し始めた。同じ価値観を共有できる人たちのいるコミュニティに入り、そういった人たちと時間や感性を共有することに重きを置くようになった。人の感性や価値観は千差万別であるため、コミュニティの種類は多岐にわたる。もはや、モノ自体には価値がなく、モノではなく体験や体感に価値を置くのも特徴だ。

　そして、あるコミュニティでは価値のないモノも、別のコミュニティには価値のある重要なアイテムだったりすることもある。例えば、大型バイクのハーレー・ダビッドソンがそれにあたる。大型バイクのメーカーは数種類あるが、ハーレーか、ハーレー以外かに分類されるのは、バイクだけでなく、そのバイクに乗っている人もだ。それだけ、ハーレー・ダビッドソンのコミュニティは特異性がある。ドゥカティやスズキ、ヤマハ、ホンダのような他のバイクを持っていても、ハーレーを持っていない限り、そのコミュニティに所属することはできな

いし、そのコミュニティが醸し出す雰囲気やカルチャーを体感することはできない。

　エキストリーム・スポーツに興じる人たちも、共通の価値観を共有するコミュニティを醸成していると言える。エキストリーム・スポーツとは、切り立った高い山の斜面をスキーやカヤックに乗って下ったり、宙返りをしたりするスポーツ全般を指す。あまりに尖り過ぎているので、コミュニティというよりは、トライブという言葉のほうが相応しいかもしれないが、ここに集まる人たちは、モノではなく、体験や価値観を大切にしている。プレイヤーだけでなく、それをサポートする人、応援するだけの人も、プレイヤーたちが行うパフォーマンスに興奮し、感動を共有するのだ。そこまで特別な体験でなくても、テニスやサッカー等のスポーツも同様だ。オンラインゲームのフォートナイトのように、大きな競技イベントが行われるeスポーツでも当てはまる。

　コロナをきっかけに、家族でキャンプをする人が増えた。米国やオーストラリアでは、コロナ前から、単に趣味としてのキャンプに留まらず、日常生活をキャンプで過ごしている人もいる。もちろん、やむにやまれぬ事情でそうしている人たちも少なくないだろうが、もともとトレーラーハウスとか、キャンピングカーを停めて、生活できるホリデーパークといったところに長期間居住している家族がいる。そういったライフスタイルを好む人たちも決して少なくない。こういった人たちが持つ価値観もまた独特で、たき火やカセットコンロで料理するための便利な道具や、趣味と実益を兼ねた釣り道具、カヤックやボートなどに価値を置いていたりする。

　インターネットで請け負った仕事をして生活費を稼ぐ人たちがいる。彼らは、世界中のゲストハウスを転々としながら暮らしているアドレスホッパーであることが多い。コロナによって在宅勤務が普及したことにより、ワーケーションという概念が一般化しはじめたが、ワーケーションによってもこのアドレス・ホッピングのライフスタイルは広がっていくだろう。こういった人たちは、移動することを重視するために、保有するモノは最小限だ。その代わりに、仕事に必要なPCやスマホ、タブレット、予備のバッテリーなどのアイテムにはこだわりが強い。

　このように、世の中が豊かになり、生活のために個性や感性を犠牲にして生き

ていく必要がなくなったことに気づいた現代人は、自らの感性や価値観を最優先として、それに合ったモノやサービスを選択するようになっている。同じ鞄であっても、ライフスタイルや価値観が多様になればなるほど、同じモノであっても、異なる商品が求められる。大量生産がなくなるとは言わないが、大量生産する商品の多くはコモディティとなり、安ければ何でもよくなるため、当然価格競争に晒（さら）されることからは逃れられない。

5.　大量生産が有効なのは、どんな商品？

　大量生産をするようなものはコモディティとなり、価値が下がるために価格競争に晒されるリスクが高くなる。では、なぜ大量生産を続けるのだろうか？

　世の中には、まだまだ大量生産が必要なものはたくさんある。コモディティであったとしても、日用消耗品や家具や家電などの耐久消費財も、こだわりがないとしても、何かしらないと困る。したがって、ニーズがないわけではない。ただ、用が足せれば、どんなものでも構わないというだけだ。何でもいいので、品質が悪くて結局損するとか、身体に害があるとかでない限りは、安ければ安いほどいい。

　中には、高機能性を求めたくなるものもある。例えば、速乾性の衣類とか、熱が籠（こも）らないマスクなどは、多少高価であったとしても、不快さを避けるために購入する層は一定層存在する。こういったものの中には、大量生産しても、売れ残る心配が少ない商品は多いだろう。

　しかし、多くのメーカーが同等機能の商品を市場に出してくるようになると、間もなくそれらもコモディティとなってしまう。価格競争に巻き込まれないとしたら、よほどニッチな領域で、技術的に突出していて後続を寄せつけないものでない限りは難しい。例えば、オカモトのコンドームは、薄くても破れないという高機能性を長期間維持しており、世界中で、いまだに市場を奪われていない。

　高性能な半導体も、より安価な太陽光パネルや太陽光発電フィルム、全固体バッテリーなど、これからのデジタル化社会で急速に普及していくであろうものは、大量生産が期待されている。高機能であっても、大量に必要とされるからだ。高機能であるがために、当初は競合が少なく、高価格を維持することも可能

だ。ただし、時間の経過とともに、競合が同等機能をもつ製品を開発し、差別化要因がなくなってしまうと、価格競争に巻き込まれてしまう。より高機能・高性能なものを開発して、さらなる差別化要因を創り出す以外に、防ぐ手はない。

こういったことは、最新機能の生産設備が、装置メーカーが開発した設備を使っているだけで、自社固有の付加価値が少ない場合に起こる。装置メーカーとしては、他社にも売ることで、量産効果が出て、より高い利益を得られるからだ。それを防ぐには、自社で開発して特許で守るしかないだろう。

このように、**大量生産モデル**は、競合が増えると価格競争に巻き込まれるリスクはあるが、**高機能性を維持する**ことで、価格差以上の需要を生み出せれば、**十分に戦える**。競争戦略としては、大きな市場で戦うには、**価格戦略**か**差別化戦略**かの2通りしかない。どちらも避けるには、ニッチ市場を狙うしかない。ニッチ市場であっても、ある程度の大量生産が成立することもあるが、そのニッチ市場の中で価格競争が生まれる余地があるとしたら、ニッチ市場であっても価格戦略か差別化戦略かを選ぶしかなくなる。

差別化戦略には、高機能化の他には、バンドルにより異なるニーズを同時に満たすことや、サービス化などによって、顧客の本当のニーズを満たす方法もある。

一方で、価格競争に勝つためには、過去のしがらみを一切断ち切る必要がある。例えば、日本ではなく、よりコストの低い国に工場を設置することや、完全デジタル化した無人工場生産とすることだ。

6. まだ満たされていないニーズ

差別化戦略にしても、ニッチ戦略にしても、共通しているのは、**誰にも満たされていないニーズを満たす**ことだ。いままであれば、その究極は、自分だけのフルカスタムオーダーだ。あなただけのためにつくられた逸品ということだ。これまでであれば、フルカスタムオーダーは、大量生産とは180度真逆だ。その顧客ひとりだけにかける労力に対する対価は、その顧客からしか回収できないために、非常に高価にならざるを得ない。当然、限られた顧客にしか提供できない。

しかし、デジタル化が進むと、一人ひとりの顧客のニーズに応えながらも、大

勢に提供できる。つまり、**マス・カスタマイゼーションが可能になる。**

　例えば、薬の調剤は、それぞれの病状によって異なる。アレルギー反応の有無や、過去の既往歴や処方によっても異なってくる。いまや、1 ～ 10 万円以内で人ひとりの DNA をすべて解読することが可能と言われている時代だ。一人ひとりの DNA 配列や血液成分などの情報を組み合わせて、適切な薬剤の調剤は、要素技術レベルではいまでもできるのだ。

　日本で土木・建築用の 3D プリンタを開発しているスタートアップ企業 Polyuse は、建設現場ごとにサイズが異なるコンクリート部材を自ら開発した 3D プリンタを現場に持ち込み製造するという。3D プリンタは、通常われわれが日常で使っているプリンタと同じように、画面で見たままの書類を 3 次元のデジタルデータに変換して、再現してくれる。デジタルデータの内容は、それこそフルカスタマイズである。このように、商品の 3 次元設計情報のデジタル化と 3D プリンタによって、顧客一人ひとりの要望に応えたフルカスタムメイドの商品をはるかに安価にできる基盤は整いつつある。

　マスカスタマイゼーション以外にも、これだけ変化の激しい世の中であればチャンスはいくらでもある。**これまで不可能だったことが、新しいテクノロジーやデジタル化によって、次々と可能になる。**エネルギーのコストは地域によっては無料に近づき、移動の必要性が減ったり、移動の費用が安くなったりする世の中がこれから来る。

　一方で、人々の仕事が突然なくなることもあるだろう。そういった変化が、段階的に、しかし **10 ～ 20 年間という短期間に次々にやってくる**のだ。これまで存在しなかった大勢の人々に共通するニーズが、突然目の前にでき上がることもあるだろう。この新しいニーズに、すばやく的確に合わせて商品やサービスを提供できれば、大きな利益を取れる。これを実現するには、少なくとも次の 2 つを準備しておかなくてはならない。

　1 つは、**時代の流れを読めるように、日頃から新しいテクノロジーの進展度合いや、社会現象を観察する**ことだ。

　そして、もう 1 つは、**新しいニーズに合わせて、すばやく体制を整えて、商品やサービスを提供できるような、俊敏な組織とシステムにしておく**ことだ。

Chapter 3 高齢化・人手不足 vs 低賃金労働

日本企業が抱える問題として、人材の高齢化や、それによる人手不足については、取り上げないわけにはいかないだろう。人は十分いても、スキルのミスマッチが起こっており、不要なスキルをもつ人材は多いものの、必要なスキルをもつ人材が圧倒的に不足している企業も少なくない。本章では、デジタル社会がこれらの課題にどのように影響していくのかを考察していく。

1. 熟練工が消える

　建設現場や産業機械の操作や品質検査など、いまだにベテランの職人でないと高い精度がうまく出せない仕事がある。後述するが、いまだに40年以上前に開発されたシステムが現役で動いている企業もある。そんなシステムのメンテナンスができるのは、その当時からその技術を担っていたエンジニアだけだ。しかし、これらの人材は高齢化により、定年退職するか、身体の衰えによって、かつての高い品質を維持できない状況になっており、企業のサービス維持が困難になっている。

　こうした現象は、頭数だけ揃えれば事業を継続できるわけではないため、単なる人手不足の問題でもない。このような仕事では、コンビニやファストフードのアルバイトや、自動車製造工場の組立工のように、若くて経験のある人たちや、海外からの研修生を雇ったからといって、うまくいく仕事ではないからだ。しかし、まったくいないよりはマシだということで、雇っている企業も多いだろう。

　この対策は2通りある。

　1つめは、経験のない**未熟な人材**でも、**熟練工のような品質レベルまで底上げ**すること。

　2つめは、**全自動化する**ことだ。

34 第1部　｜　ビジネス課題×解決法

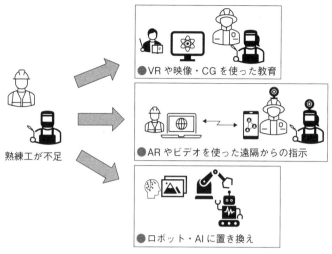

●VR や映像・CG を使った教育

●AR やビデオを使った遠隔からの指示

●ロボット・AI に置き換え

熟練工が不足

図 3-1　熟練工不足へのデジタル対策

　未熟な人材を熟練工レベルまで底上げするには、これまでは熟練工が手取り足取り教えるしかなかった。ところが、デジタル技術を活用することで、いまでは、熟練工の仕事を映像で残して若手に教育する方法が低コストで実施できるようになっている。また、AR や VR のコンテンツを整えることによって、ベテランが遠隔から AR グラスを通して、リモートで若手の作業指示をすることが確立されつつある。

　一方、生産施設の自動化は、すでに FA（ファクトリー・オートメーション）で、かなりの部分進んでいる。それでも製造業派遣による労働者はまだまだ多く、例えば検査工程では、まだ人の目を通している現場が多い。それでも、カメラやセンサー技術の精度向上と AI によって解決しようと、多くの企業が取り組んでおり、熟練工に頼らずに自動判別できるようになる日は遠くないだろう。

　また、設備の適所にカメラやセンサーを付け、振動や温度を読み取ることで、過去に故障が発生したとき、その直前の数値を AI に学習させることによって、設備の故障予知も進んでいる。故障前に、修理ができるため、工場のラインが止まる時間を最小限に抑えて、生産性を落とさずにすむようになる。同様に、工場のラインが動く速度や設備・機器の設定値を変える作業も、人が行う必要がなくなれば、人件費は大幅に削減できる。

また、現在は、ほとんどの商品・部材は 3D-CAD で設計されており、すでにデジタル化されている。これによって、実際に製造する前に、強度検査や風洞実験などのシミュレーションが可能になっている。そして、設計情報がデジタル化されているために、部材や金型を 3D プリンタでつくることで、人手を最小限に抑えることを可能にする。

　建設現場の自動化は、これからの状況だが、徐々に進んでいく動きはある。すでに鉱山では、重機は自動運転され始めている。ショベルカーやダンプカー、ブルドーザーなどは、地形を衛星やドローン、ハイパースペクトルカメラなどで、地形とその堅さ・素材を見極めて、AI が操作することで、すでに自動運転ができるようになっている。高層ビルや一戸建ての建設現場でも、設計図は 3D-CAD データであるため、いずれ必要な建築資材をロボットが一つずつ順番に組んでいくようになる。システムが、設計データから必要な資材が必要なタイミングで現場に届くように自動的に発注し、自動運転トラック・トレーラーが必要なタイミングに資材を受け取り、現場に搬送する。そして、搬送された資材をロボットが受け取り、予定されていたスケジュールで組み立てを開始する。そういったことを目指して取り組んでいくべきだろう。

2. コンビニやファミレス・カフェのアルバイトをどうするか？

　小売店や飲食店でも、必要な人員を確保するのに苦労しているだろう。かつては、高校生・大学生のアルバイトが中心であったコンビニやファストフード店の店員も、いまでは主婦や定年後の男性、外国人のほうが多い。しかし、外国人については、彼らの母国経済がますます成長し、所得水準が上がってくると、わざわざ日本に留学して、アルバイトする必要もなくなってくる。

　飲食店では、すでに一部の自動化は進んでいる。ファミレスのドリンクバーやコンビニのコーヒーのように消費者自らが操作するセルフサービスや、回転ずし店での料理が回ってくるシステム、牛丼屋などのキッチンに導入されているご飯をどんぶりに自動でよそう機械などがある。セルフサービスや回転ずしについては、サービスを対面で行わない方法だが、一方で対面サービスを残すことにより

顧客に体験価値を提供できるという店舗であれば、なんでもかんでも自動化というわけにはいかなそうだ。

　小売店について言えば、コロナ以前ですでに、中国や米国で Amazon GO のようなレジレス店舗が話題になった。店舗設備への投資額が人件費に見合うかが課題だが、人件費に見合うのであれば、店舗の無人化を進め、店舗設備も SPC などを使って外部調達できれば、固定費を減らすことができる。そのうちレジだけでなく、棚出し・陳列もロボットが行うようになるだろう。

　一方で、完全に無人化を行わないまでも、**デジタルで人手不足を解消する取り組み**もある。例えば、新しいアルバイトが業務をきちんとできるようになるまでの時間を短縮したり、ミスをなくしたり、顧客に最高の体験を提供するためのツールや教育手段の提供の他、タブレット端末でトイレ清掃や備品や在庫のチェックを効率的にミスなく行うための、VR/AR での研修などもある。いずれは、端末がスマートグラスに移行することを考えれば、オペレーションの標準化とそのシステム化は、早く取り組んでおいたほうがよい。さらには、アルバイトのシフトを効率良く組むために支援してくれたりするシステムなども有効だ。

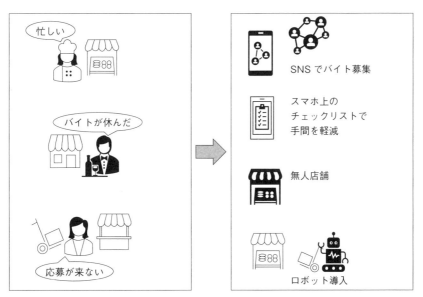

図 3-2　小売店・飲食店のアルバイト不足対策

3. 少子高齢化が加速する時代の介護業界・保育業界

　介護と保育の分野では、デジタル化がビジネスモデルを大きく変える可能性を特に秘めている。高齢化によって、介護される対象者は増加の一途をたどることがわかっている。しかしながら、貧富の差がますます開いている状況を考慮すると、高額の費用を自己負担できる高齢者はほんの一握りだ。ほとんどは介護保険などによる拠出に頼るしかないという状況は、ますますひどくなるだろう。そういった状況では、健全な利益を出そうとすると、労働者の待遇は制限されることになる。

　しかし、IoT をはじめてとして、**デジタル技術が現状ある多くの制限を取り払ってくれ**、**労働者の待遇を上げつつ**、**高齢者に寄り添ったハイタッチな運営を**しながらも、**健全な利益を出し続けられるようになる可能性は高い**だろう。

　例えば、高齢者の健康状態を測定して、クラウドにアップロードできるウェアラブルデバイスを装着すれば、AI が高齢者のリスクを判断できるようになる。IoT やカメラによって、転倒などの事故や、徘徊などの行動からリスクをコントロールすることが容易になる。現状これらは、介護スタッフが、かなりの時間を個々の高齢者に費やさなくては十分にできないことだ。これらを IoT と AI でコントロールすることで、一人の介護スタッフが担当できる高齢者の人数を増やすことができるようになる。高齢者も行動を制限される度合いが減ることで、より充実した時間を過ごすことができるようになるだろう。

　寝たきりの高齢者の身体を拭いたり、排尿・排便を介助したりすることも、介護ロボットやパワースーツによって、介護スタッフの負担を大幅に減らすことができる。こうした設備は、いまはまだ高価だとしても、量産効果でコストは下がっていくことも期待できる。

　さらには、認知症の進行を遅らせたり（最近の研究では、アルツハイマーはウイルスが原因とみなされていて、治療法の研究が進んでいる）、VR やデジタルアバター、ペットロボットによって、寂しさを和らげたりする研究も進んでいる。

4. 医療産業

　医者といえば、高給が約束されているエリートというイメージだが、コロナが流行する前から、日本ではブラック労働のイメージが広がっていた。地方では深刻な医者不足に悩まされているし、全国的にも、リスクが高い産婦人科を希望する若者が減るなどの情報が聞こえる。無医村問題も解決されるどころか、ますます深刻になっている。

　これらの問題の多くは、デジタルが解決する余地が多い。遠隔診断については、以前から話題にあがっているものの、それは些細な改善だ。Fitbit や Apple Watch はもちろん、さまざまな企業が人の健康状態を測定するウェアラブルデバイスの開発を進めている。従来は血液検査をしなくてはわからなかったことであっても、身体を傷つけることなく、非侵襲測定方法だ。例えば、パルスオキシメーターは、指先の欠陥に光を当てることで血中酸素濃度を測定できているし、腕の皮下脂肪に短い針を刺しても出血しない血糖値測定センサーも普及している。尿素を測定するものも実用化されていると聞く。

　例えば、汗の成分から血液成分を測定できるようになれば、24 時間 365 日毎マイクロ秒の間隔で血液成分を測定できることになる。そうなると、ちょっとした運動や食べ物で血液成分にどんな影響が起こるかを知ることも可能になるし、薬の成分が血液成分に与える影響もマイクロ秒単位で知ることができるだろう。

　こうしたウェアラブルデバイスの測定データは、クラウドにアップロードされ、医者は自分の患者の情報を見ることができるようになることが期待できるが、それだけではない。**適切に学習した AI が、一次診療を担うことが可能になる**。AI が一次診療を行うことで、われわれ生活者は身体に異常がないと思っていても、AI が血液成分から潜在的な病気のリスクを見つけた場合には、通院するように警告することができるし、それに相応しい医師のスケジュールを押さえることも容易になるだろう。わざわざ、通院して血液検査をしなくても、ある程度正確な診断と薬の処方についての指示は AI ができる。医師にとっても、直接治療する必要がない患者に対して時間を費やさなくても済む。つまり、**外来患者に費やす時間を減らせるために、大幅に労働環境は良くなる**。

また、Exo-Imaging 社では、ハイパースペクトルカメラと AI 画像解析の組み合わせによって、iPad のようなタブレットサイズの測定器で、MRI や CT スキャンと同様の人間の輪切り映像を測定することを可能にした。テクノロジーが普及することで、例えば浴室の鏡の前に立つだけで、毎日 CT スキャンレベルの画像がクラウドにアップロードされ、日々の体形の変化（脂肪や腫瘍、血管の詰まり等）を AI が検知し、治療の必要性を判断してくれるようになるだろう。そうなるとがんはステージ 0 （ゼロ）で発見できるようになり、がんで死亡する人の数は劇的に減るだろう。薬の体内での効力もマイクロ秒単位でわかるようになれば、個々人で異なる抗がん剤の有効性を知ることもでき、抗がん剤の研究も加速するに違いない。

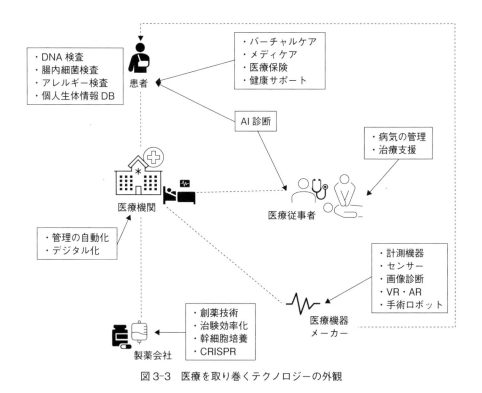

図 3-3　医療を取り巻くテクノロジーの外観

5.　農業はどうすれば儲かるのか？

　これからは、グローバルで農業が変わっていく。日本でも、その影響は受けるだろう。いまの日本の農業は、農家は補助金頼みでようやく成り立っている。一部のブランド野菜やフルーツを除けば、週40時間労働で利益を出し続けている農家は、ほんの一握りだろう。しかし、技術革新によって、労働者が正当な労働対価を得ながら、農業法人としても利益を出し続けられる明るい兆しが出てきた。

　一つは、人工衛星の打ち上げコストが下がっていることにより、今後、数多くの人工衛星が打ち上がる。それにより、広大な農地において、場所によって異なる**農作物の収穫時期の把握や、病気の拡がりなどを上空から測定するための衛星**映像が安価に手に入るようになる可能性が出てきたことだ。

　もう一つは、**植物工場**だ。これまで、LED 光源を使った植物工場は、高い電気代のために採算が合わなかったが、**太陽光発電パネルとバッテリーの低価格化により、採算が改善することが期待できる**からだ。4頁で紹介した通り、日本に

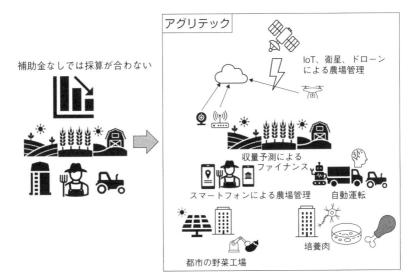

図 3-4　アグリテックへの期待

おける電気料金の高さは、その実現を阻む大きな要因ではあるが、例えば、ビルの屋上や壁・窓全体で発電できるようにし、バッテリーで蓄電し、すべての電力を自前で賄えるようになれば、電力は実質無料になる。野菜工場で必要とされる電力は、主に水を高層階に組み上げるポンプと温度コントロールのためのエアコン、野菜を収穫するロボットアームの動力、そしてLED光源だ。このような植物工場で生産できるものは、生鮮野菜が中心となる。都市部に近い場所でこれを行うことで、輸送費を節約することができる上に、都市部で地産地消ができることで、採れたての新鮮な野菜を食べられるようになる。地価・家賃とのバランス次第ではあるが、ロボットアームが収穫を行うことで人件費を抑えることができる。

　食肉生産の分野も、大きく変わろうとしている。細胞培養肉だ。現在、ヨーロッパを中心に、**酪農は、気候変動の大きな要因とみなされ始めている**こともあり、**細胞培養肉の研究・開発**が複数のスタートアップ企業で行われており、徐々に成果が出ているからだ。この技術は、医療分野で人間の幹細胞から臓器をつくりだそうというものと同じだ。牛のフィレステーキを牛一頭育てなくても、その部位を培養すれば、広大な森林を焼き払ってつくった牧草地に、草を生やすために地下から大量の水を汲み上げたり、川から引き入れたりして、水資源を枯渇させることもない。また、**滅菌された培養施設で育てられる**ため、病気になるリスクはほとんどなく、**抗生物質に汚染されたいまの食肉より安全**だ。現在は、まだひき肉程度のものしかつくれていないが、歯ごたえのあるしっかりとした肉がつくれる日がいずれ来るだろう。そうすれば、広大なスペースのコストはかからず、ロボットが培養して食肉を生産するようになるために、人件費もほとんどかからない。

6. ますます利幅が減っていく物流業界

　物流業界は、もっとも人手不足が深刻な産業だ。コロナによって、他の職を失った人が、ウーバーイーツの配達員として登録する人が増えるなど、あくまで一時的な状況の改善であり、また人手不足が問題になるだろう。不足しているのは、トラックドライバーだけでなく、倉庫で積み荷を管理したり仕分けをした

り、ピッキングや梱包の作業員なども同じだ。

　一方で、物流量は全体では減っている。それでは、なぜ人手が足りないのか？　ＥＣの利用が爆発的に増えたために、宅配便の取り扱い個数が大幅に増加しているからだ。純粋に小売業がネット通販を始めたり、はじめからネット店舗だけで事業をしたりしている小規模事業者に加えて、最近はメーカーが**D2C（ダイレクト・トゥ・カスタマー）**の流れに乗って、直販のネットショップを開設し始めている。これだけ需要が増えているのに人が集まらない理由は、他の産業と同じで賃金が低いからだが、他の産業に輪をかけて、労働環境は劣悪だと言われている。物流業者としては、それでも利益を出せているわけでもない。つまり、サプライチェーンの中でもっとも価格競争力が弱く、トラックドライバーや倉庫での労働者の収入を下げることで、ようやく仕事を得ることができている業界でもある。

　これを乗り越えるには、全体で価格破壊を食い止めるべく、正当な運賃で引き受けるようにするか、徹底的にコストを下げるしかない。しかし、正当な運賃でないと引き受けないという運送会社は仕事をもらえなくなってしまうため、自らの身を削って、低価格で数をこなすしかなくなってしまっているのが現状だ。

　正当な運賃で引き受けることが難しいのであれば、デジタルの力を借りてコストを下げるしかない。特に、**ＥＣ需要の爆発的成長にもかかわらず労働効率が悪い宅配分野は、イノベーションが求められている**。すでに再配達を減らすための試みはいろいろと行われている。

　日本では、例えば、スマホで施錠・解錠できるコインロッカーや宅配ボックスなど、いくつかのスタートアップ企業が提案している。こうしたコインロッカーや宅配ボックスの本体は、ワンルームマンションと同じスキームで投資家が投資をし、そこから家賃収入のような利用料を得るモデルをつくりやすいため、資本力のないスタートアップでも比較的成長しやすい。

　米国では、AmazonやUPS社がドローンで家まで荷物を運ぶ取り組みがされているし、ある大学では、荷物を入れた自動運転カートが、キャンパス内の歩道を走って、構内の荷物配送を行っている。このような自動運転が実用化されれば、これに投資することによって、宅配の人手不足は大幅に解消できるはずだ。まだまだ先の話のようではあるが、10年くらい後には実現する可能性がある。

そのタイミングで、すばやく導入して一気にシェアを獲るためにいまから準備を始めておくべきだろう。

　倉庫の自動化も進んでいる。筆頭は Amazon の倉庫で動き回っている自動運転カート Kiva だろう。棚から棚へ動き回る作業員を減らすことができるだけでなく、24 時間の稼働が可能になる。あるいは、倉庫スペースを最大限有効に使えるソリューションもある。ジャングルジムのような立方体の枠を使って、複数の箱が縦横無尽に制御されて動作する自動倉庫だ。従来の自動倉庫に比べて、より小口の荷物の高速な出し入れに適している。注文のあった商品を複数の箱からピッキングし、配送用ボックスにパッキングして出荷するといった通販用の物流倉庫では、このような高速な自動オペレーションができると、即日配送しやすい。デジタル化のメリットは、人手不足の解消や人件費のような固定費抑制だけでなく、24 時間 365 日休みなく連続操業できるところも魅力だ。

　物流のデジタル化は、EC 物流だけではない。もっと大きな物流についても、宅配ほどではないが、人手不足は定常化している。これに対しても、コンテナ船の自動航行、コンテナターミナル（港）の自動操業、長距離トラックの自動運転、高速道路専用の自動運転レーンなど、さまざまな自動化の取り組みの検討が進んでいる。

7. 教育はパラダイムシフトが必要

　教育でも、教師のブラック労働が問題になっているが、これは単純な人手不足というよりは、公立小中高等学校を運営する市区町村の予算が限られていることが大きいかもしれない。しかし、ほとんどの教師が社会経験を積んでいない実情を考えると、現在の教育で求められている基本スキルを持っていない教師が多いのだろう。プログラミングや金融知識などの新しいカリキュラムを教えられるスキルを持った教員については、あきらかに全国のニーズを満たせるとは思えない。

　しかし、これらは、これまで明治時代から（あるいは欧米では産業革命から）続いている工場の労働者養成・軍隊養成のための教育スタイルを続けているからでもある。これまでの 1：n 型の講義形式の授業であれば、インターネットで十

分だ。教師は、それでは理解が追い付かない生徒に対して、フォローする立場に変わり、授業自体は、その分野の世界での第一人者の講義を録画した映像を流すだけでいい。実際、大手予備校は有名講師が全国の教室に動画を流して教えているし、スタディーアプリなどのオンライン教材も、多くのユーザー（生徒）に支持されている。

　教育については、教育者や生徒の親たちの間でさまざまな議論がなされているが、残念ながら、大切なことがぽっかりと抜けている。国際競争だ。

　NASA に代わって国際宇宙ステーションに宇宙飛行士を運んでいる Space X 社が、2026 年までに地球上に住む 80 億人が高速インターネットにアクセスできるようにする目的で、低軌道衛星 12,000 基を打ち上げるスターリンク構想を打ち立てて進めている。このスターリンクというプロジェクトは、着々と進んでいて、2021 年 3 月時点で 2500 基以上の衛星が打ち上がり、カリフォルニア州とオーストラリアの一部でサービスが開始されている。日本でも 2022 年にサービスが開始されるようだ。www.starlink.com にアクセスして、自宅の住所を入れて申込みボタンを押すと、サービスが提供開始されるタイミングを知ることができる。パラボラアンテナを含めた初期費用は 99 ドルと表示されている。

　このスターリンク構想が実現すると、教育格差がなくなるだろう。現在は教育を受けれない地球上の僻地（へきち）に住んでいる家庭でも、スマートフォンに加えて、村が衛星キットを手に入れることで、各界での世界トップレベルの専門家が話す TED X の YouTube 動画から、インドの IT 会社をはじめとして、YouTube の広告費を得るためにプログラマーたちが自らプログラミングを教えている映像等、あらゆる情報にアクセスできるようになる。さらには、ペンシルバニア大学の授業すら受けられるようになる。

　世界では、教育に飢えた子どもたちがたくさんいる。情報がないために、食糧の効率的なつくり方を知らず、低収入に甘んじている家庭を何とかしたいと思っている両親。医療が不十分であったために大切な人を亡くした子ども。そういった人たちの何人かは、自分の環境を変えたいという強烈な動機から、困難を乗り越えて、そういった情報を吸収していくだろう。彼らは、世界最高レベルの教育コンテンツに触れることができ、強烈なモチベーションで学習していく。

　一方で、数十年前に授業に出席すれば卒業できる大学を出て教師になった人た

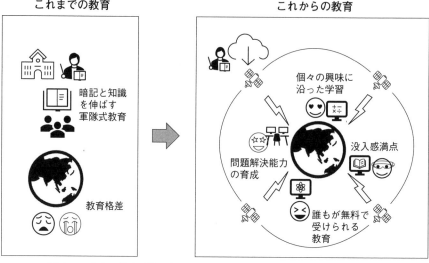

これまでの教育

暗記と知識
を伸ばす
軍隊式教育

教育格差

これからの教育

個々の興味に
沿った学習

没入感満点

問題解決能力
の育成

誰もが無料で
受けられる
教育

図3-5　日本の教育方法を続けていると、世界の子どもたちに後れをとる

ちから、政治を忖度した教科書をなぞるように教わるだけ、あるいは検索すれば
手に入る情報の暗記力で合否が決まる試験対策の教育を受けて育つのが、われわ
れ日本人だ。優秀になることと幸福になることは、必ずしもイコールではない
が、あなたは自分の子どもに、どちらになって欲しいだろうか？

　世界中の子どもたちが教育を受けるようになると、日本だけに教材を提供して
いる企業よりも、世界中の子どもたちに教材を提供している企業のほうが、収
益性は圧倒的に優位になる。**これからの教育コンテンツは、VR や AR を活用し
て、より視覚的で臨場感のあるコンテンツ**がつくられていくだろう。

　しかし、それには膨大なコストがかかる。このコストをかけられるのは、より
多くのユーザー層から少額ずつでも定期的に対価を得ている企業になるだろう。

　世界に向けて投資を始めるとしたら、いましかない。

8.　人手不足なのに、なぜ賃金が上がらないのか？

　多くの労働者は、このような疑問をもっていることだろう。需要があって、供給が少なければ、従来の経済学理論では価格は上がるはずだが、そうなっていないのはなぜだろうか？

　「必要なスキルを持っていないから」は、必ずしも当てはまらない。コンビニの店員や、小型・中型トラックのドライバーなどは、特殊スキルではない。

　理由は、デフレと国際競争力の欠如だ。第3章で述べたように、モノが売れない上に、多くの業界で**国際競争に晒されている**から、企業の業績は決して良くない。そして、新興国で同じものがより低いコストでつくれるのであれば、企業は利益を出すためにコストを同等レベルにまで削る以外には手はない。このように多くの企業で人件費を絞るために、総じて収入が低い。すると、彼らの可処分所得が限られているので、国際競争に晒されない国内に閉じた業界、すなわちコンビニや飲食業、介護、物流、学校教育などに従事する人々であっても高い収入が得られないという構図だ。

　一人ひとりが高い収入を得られるようになるためには、企業が十分な利益を出せる体質になっていないといけない。しかしながら、コロナ以前は多くの企業で十分な利益を出せていたにもかかわらず、それは人件費に回っていなかった。そのおかげで、コロナ禍でも、長期間の経済停止に耐えられてきたが、これでは経済が正常に戻ったとしても、収入を上げるのは、どうやら難しいだろう。

　日本の物価は30年前とほとんど変わっていない。コロナ以前にインバウンド景気で潤っていたのは、多くの外国人が日本に来て、お金を落としていたからだが、どうして多くの外国人が来日したかといえば、日本が格安だからだ。

　一方で、新興国はもちろん、先進国の欧米諸国ですら毎年2〜3%以上の物価上昇が起こっている。毎年2%でも30年上昇が続けば1.8倍にもなっている。

　なぜ、日本だけが取り残されているのか？

　それは、**日本企業にイノベーションがないからだ**。いまの時代に世界で求められる特別な価値を生み出していないからだ。生み出している価値は、新興国でも生み出している価値と大差ないから価格競争に巻き込まれる。どんなに高い品質

のものを生み出したとしても、それに高い価値を見出す顧客がいなければ、意味がない。もちろん、中には価値を認めてくれる顧客はいるだろうが、寂しいことに、生産者の高い生活コストを支えるだけの金額に見合う価格には至らないということだろう。生産性の問題もある。デジタル化すれば不要な人件費をデジタル化せずに払い続けていれば、一人あたりの給与は低くて当然だ。

　一方で、**報酬が急騰している分野もないことはない**。それがDX分野だ。特に、多くの企業がDXに取り組む前提として、基幹システムを刷新しなくてはいけない状況にある。

　しかし、これがとても困難なのだ。そのことについては、第2部で説明するが、困難な理由の一つが**DX人材の不足**がある。自らがDX人材となって、収入を上げたい人は、第2部を読んでほしい。

Chapter 4

これまでの変革とは異なる質の変化が求められている

時代の変遷に伴い、企業を取り巻く経営環境は劇的に変わってきた。企業は環境変化に合わせて、多くの変革に挑戦し変化してきた。変革を迫る要因としては、新しいビジネスモデルの出現、競合企業の台頭、新しいテクノロジーの導入、自社の業績、企業や顧客を取り巻くマクロ経済状況の変化などがある。

しかし、いまの時代に求められている変革は、これまでとは質の異なる変革だ。デジタル・トランスフォーメーションの「トランスフォーメーション」とは、芋虫がさなぎになって、蝶やカブトムシになるように、まったく異なる形のものに変わることを意味する。

本章では、第1節でこれまでの企業変革がどのようなものであったかを振り返り、第2節では、求められている変化がこれまでの変革とどのように違うのかについて説明する。

1. 企業の変革の歴史

（1） 電算システムの導入

企業が変革するときの手段として、コンピュータを利用した情報システムの導入は欠かせない。コンピュータは第二次大戦に米軍で利用され始めてから、主に軍用や研究施設、政府関係で導入されてきた。商用利用されたのは、General Electric 社が 1954 年に社員の給与計算を効率化するために現ユニシスの UNIVAC I を使って導入したのが始まりとされる。その際のソフトウェアを担当したのは、会計事務所のアーサーアンダーセン＆カンパニー（AA）で、世界最初のビジネスアプリケーションを導入した実績から、その後も IT 業界に大きな影響を与えてきた。AA は、その後不正会計を発生したエンロン事件の社会的責任を取らされ 2002 年に解散したが、90 年代から分離していた IT コンサルティング部門は、アクセンチュアとして、世界最大のコンサルティング会社に成長した。

一方で、日本の最初の商用利用は、1955年に東京証券取引所と野村證券が導入したUNIVAC120で、その後野村総合研究所（NRI）がシステム・インテグレーション（SI）事業者として、日本のSI市場をリードするきっかけとなった。

　1958年にICチップが開発されてから、コンピュータの性能は日進月歩で進み、IBMが1964年に世界最初の汎用コンピュータSystem/360を発売してから、世界中の企業でコンピュータの導入が始まった。日本の大企業が本格的にコンピュータを導入し始めたのもこの頃からである。IBMの他、1965年に日本電気（NEC）、富士通、日立がそれぞれの対抗機を開発した。

　企業は、このような汎用システムをまず会計システムから導入した。この頃はまだ、コンピュータシステムは、電子計算機、あるいはEDP（Electronic Data Processing）と呼ばれ、また、コンピュータが設置された部屋は電算室と言われていた。いまでも情報システム部門の名前がEDPの名称を冠しているところもあるのは、その名残だ。

　当時の日本は高度成長期であり、経済発展に伴い事務作業量が増大し、求人難となり人件費も高騰していった。手作業では追いつかなくなり、コンピュータに大きな期待をかけた。しかし、当時のコンピュータはとても高価で、さらにプログラムを作成するなどしてシステムを構築するにもコストがかかった。そのため、当初コンピュータ利用の対象として優先されたのは、次のような業務であった。

① 大量データの処理が必要な業務で、導入により省力化効果が大きい業務
② 定期的に行われる業務で、同じ処理プログラムが繰り返し使われる業務

　具体的には給与計算、売上計算（請求書発行）、会計処理（財務諸表作成、固定資産管理）などである。このような業務は、企業の経営を行うために欠かせない業務であるため、基幹系システムまたは基幹システムと呼ばれている。

　基幹システムを導入後の当時の業務の流れは、次の①〜④の通りだ。

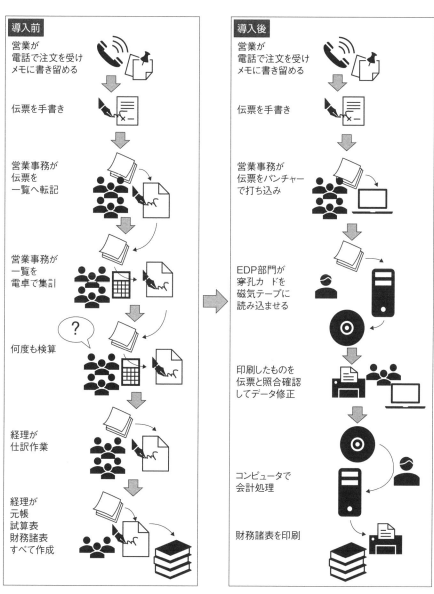

図 4-1　コンピュータの導入によって、業務はどのように変革されたか？

① 業務部門から手書きの売上伝票が上がってくる
② 電算室（EDP 部門）で手書き伝票を見ながら、紙テープに穿孔する
③ 穿孔された紙テープを磁気テープに変換する。
④ コンピュータがテープを先頭から読取り、加算減算、ソート、照合、マージする

　この際のデータ確認作業や修正作業も含めて、多くの人手と時間を要したが、磁気ディスクが普及すると入力端末から直接入力できるようになり、さらにはソートやマージのたびにテープを巻き戻したり交換したりする手間がなくなった。さらには、プリンタの性能も向上したことで、帳票の出力も普及した。

　なお、当初のコンピュータシステムは、1日に一回、1か月に一回、ためておいたデータを一度に処理するバッチシステムであった。

　また、この頃のコンピュータが読み込みするファイル形式は、SAM（Sequential Access Method：順次アクセス方式）といい、ファイルに記録した順番にしかデータを読み出せなかった。

（2） リアルタイムシステムの導入

　次に、それまでの SAM ファイルに索引（インデックス）がついた ISAM が開発された。例えば1万行目のデータを取り出すために、テープの先頭から順番にデータを読み込まなくてはいけなかった制約から解放され、すでに入力され磁気ディスクなどのデバイスに保存されたデジタルデータを、ランダムな順番でアクセスして取り出せるようになった。

　そして、VSAM という仮想記憶アクセス方式が開発されると、それまでのバッチ処理に加えてリアルタイム処理が可能になった。これにより、それまでは入力ファイルを読み込ませ、そこに記録された複数のレコードを順番に処理させつつも、ファイル単位では一括で処理を行うバッチ処理しか行えなかったものが、レコード1件ごとに処理を行うことができるようになったのである（図4-2）。

　また、それまではコンピュータに入出力を行う際には、電算室にあるコンピュータに直接磁気テープやパンチカードの読み取り機を接続して処理をしていたが、入力はターミナル端末という専用線で接続された端末から行えるようになった。このことから、リアルタイム処理やリアルタイム処理を行うシステム

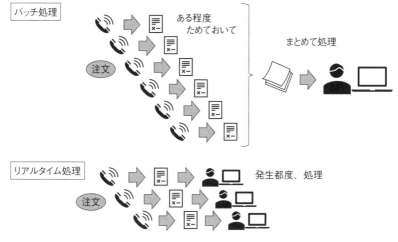

図 4-2　バッチ処理とリアルタイム処理の違い

は、**通常オンライン処理、オンラインシステム**と呼ばれている。

　これらによって、受注があるごとに手書き伝票をつくって、まとめてパンチして、電算室でファイルに書き込むのではなく、手書き伝票をつくる代わりにオフィスにあるターミナル端末に直接入力して、電算室に入らずにデータベースに保存することができるようになり、手間を大幅に減らすことができた。

　また、電算室に伝票を集めて集中的に入力する代わりに、データの発生源であるオフィスから、コンピュータにリアルタイムで入力できることで、コンピュータに任せられる業務が大幅に拡がった。それまで会計システム中心だったものが、受発注システムや出荷システム、生産管理システム、あるいは銀行の ATM などのトランザクションシステムなど、幅広い業務に使われるようになった。

　このようにして、多様な業務に情報システムが導入されるようになってくると、受注管理システムと在庫管理システム、出荷管理システム、会計システムのように複数のシステムがつくられるようになる。しかし、例えば受注管理システムも出荷管理システムも、あるいは棚卸業務などを行う在庫管理システムも、同じ在庫情報を利用するはずだった。また、受注した情報は会計システムに登録することになるし、棚卸作業で在庫を処分したときも、出荷が完了した場合も同じく会計システムにも登録が必要であった。

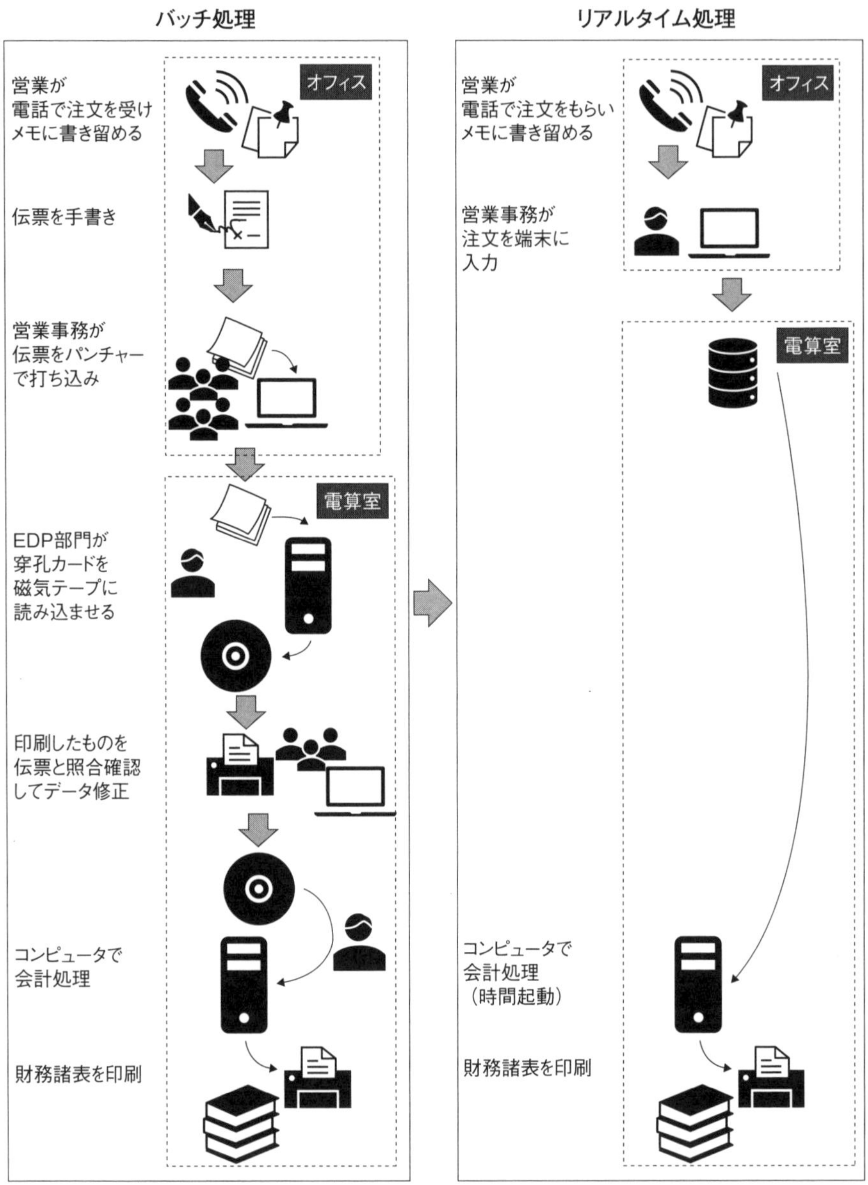

バッチ処理

営業が
電話で注文を受け
メモに書き留める

オフィス

伝票を手書き

営業事務が
伝票をパンチャー
で打ち込み

電算室

EDP部門が
穿孔カードを
磁気テープに
読み込ませる

印刷したものを
伝票と照合確認
してデータ修正

コンピュータで
会計処理

財務諸表を印刷

リアルタイム処理

営業が
電話で注文をもらい
メモに書き留める

オフィス

営業事務が
注文を端末に
入力

電算室

コンピュータで
会計処理
（時間起動）

財務諸表を印刷

図 4-3　バッチ処理からリアルタイム処理へ

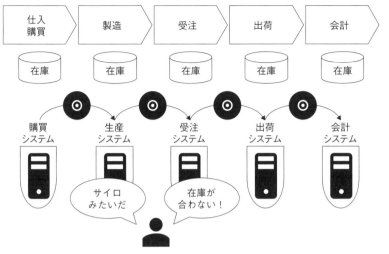

図4-4　コンピュータの業務ごとの個別最適な適用による弊害（サイロ問題）

　これらのシステムは当初別々に開発され、システム間のデータ連携をバッチ処理で行っていたが、双方のファイルフォーマットが異なれば余計な開発作業が発生していた。また、同じ情報が複数個所に存在していると、情報更新のタイミングのズレなどによって、システム間で同じでなくてはいけない情報に不整合が生じた。そして不整合が生じると、正しい状態に修正するために、膨大な時間を調査に費やす必要があった。このような状態を、農場の収穫物を格納するサイロに似ていたことから、**サイロ**と呼ぶ（図4-4）。

（3）　情報システムの戦略的利用

　リアルタイムで情報処理できるシステムが開発されるようになると、これまではコンピュータやシステムの利用が社内に限定されていたものを、外部企業に開放しようという動きが出てきた。そして、ただ開放するだけでなく、これが競合企業に対して優位なポジションを築くことができることに気づいた企業は、顧客を他社から奪い取り、囲い込むための情報システムを導入し始めた。

　もっとも有名な事例は、アメリカン航空が導入した旅行代理店向け座席予約システム「SABRE」である。当時は、顧客はフライトを予約する際には旅行代理店を通してチケットを手配するしかなく、航空会社が顧客からの予約を直接受け

付けることはなかった。顧客は旅行代理店の窓口に行き、あるいは電話でチケットを手配していた。旅行代理店では、顧客の旅程に合わせて各航空会社に電話して、チケットを予約し、バウチャー（Voucher：特定の目的に使用できる金券）を顧客に渡した。フライト前日に航空会社が発券したチケットを旅行代理店が受け取り、顧客に渡すという手順だった。

アメリカン航空が戦略的システムを導入するまでは、顧客からの指定がない限り、どの航空会社のフライトを予約するかは、旅行代理店の窓口担当者がそれぞれの裁量で決めていた。そして、混んでいる時期には電話がつながりづらく、一人のフライトの手配に半日かかることも稀ではなかった。

それが、各代理店にSABREが設置されると、代理店の担当者はリアルタイムにフライトの空席を確認して、その場で予約することができたため、航空会社の担当者に電話して、つながるのを待っている間に業務を中断する必要がなくなった。必然的に代理店担当者は自分の業務負荷を軽減するために、SABREで予約を始めた。つまり、それまでは他の航空会社に流れていたフライトの予約を自社のフライトに呼び込む仕掛けをつくったのである（図4-5）。

日本でも、SIS（Strategic Information System：戦略情報システム）の重要性が叫ばれていたが、戦略的な効果を生み出せた事例はほとんどないと言ってよく、SISは失敗したと言われている。

あえて事例として挙げるなら、銀行のCD（Cash Dispenser：現金自動預払機）やATMかもしれない。窓口業務の混雑と負荷を軽減するために導入されたCDは、顧客にとっても短時間で用が済ませられるために、自宅や勤務先の近くにCDがある銀行に口座をつくった。しかしながら、各行が一斉に導入したことで、競争優位性は弱くなってしまった。

一行だけ、三和銀行（いまの三菱UFJ銀行）が土地や建物の費用が少なくて済むATMだけの店舗を数多く導入したことは、口座開設者を戦略的に増やすことに成功した例と言えるだろう。

（4） 事務作業のコンピュータ化（OA化）

1980年代に入ると、コピー機、FAX、ワープロ、PCなどの事務機器がオフィスに導入されるようになる。

例：アメリカン航空の旅行代理店向け座席予約システム「SABRE」

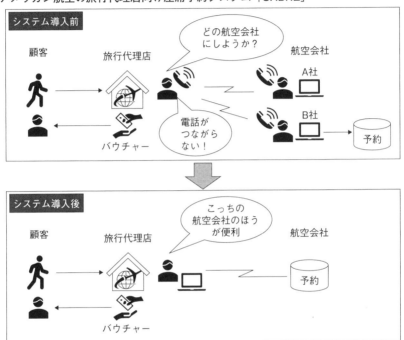

図 4-5　戦略情報システム

　いまでは信じられないことであるが、コピー機が発明される前の時代は、複写する場合には、カーボン用紙を原稿の下に敷いてなぞるか、トレーシングペーパーと呼ばれた薄い半透明の紙を原稿の上に敷いてなぞるか、あるいはガリ版刷りをするくらいしか選択肢がなかった。一度に複数枚の複写を作成するためには、カーボン用紙を何重にも敷いてなぞるものの、筆圧が弱いとせいぜい３〜４枚の複写を作成するのが限度であった。一方で、ガリ版刷りを行うのも手間がかかったため、会議で配布する資料など一度に多くの複写を必要とする場合くらい

でしか利用されなかった。

　したがって、複写を作成するためだけでも、多くの人員が必要とされていたのである。書類の原稿を1頁ずつなぞる手間を想像してみてほしい。文字数にもよるが、1頁に20分以上は掛かっていたのではないだろうか？　コピー機が導入されたことで、こうした複写は10秒程度でできるようになった。大幅な効率化が実現できたはずである。

　作成した書類を遠く離れたところに届けるには、かつては郵送しか手段がなかった。郵送には近いところで1日、国内でも遠い場所に送る場合には数日かかった。FAXが発明されたことで、その時間が数分と大幅に短縮された。FAXを送った直後に相手に電話を掛けて、送達確認をする必要はあったが、コミュニケーションにかける時間を大幅に短縮することができたはずである。

　かつては、文書を書くのは、手書きが主流であった。契約書や正式な報告書などの正式な書類はタイプライターで打っていたものの、欧米では主流のタイプライターも日本では漢字が多すぎて、漢字用のタイプライターは、数も限られていた上に、効率化には限界があった。手書きにしても、タイプライターにしても、非効率であったのは、文章を修正する場合や、同じ文章を他の文書に流用したい場合である。いまでも手書きの書類では横線を引いて訂正する場合もあるが、変更箇所が多いと書き直しが発生する。タイプライターもこの点では同じだ。それゆえにワープロ（ワードプロセッサー）が発売されると、各社一斉に導入した。ワープロの導入により、文章を保存しておいて、あとで書き換えることが可能になった。

　ワープロの普及を追いかけるように、パソコン（Personal Computer：PC）がオフィスに導入されるようになると、予算作成業務や、見積書や請求書作成を含む経理関連の業務が大幅に効率化された。それまでは、表に書かれた数字をそろばんや電卓で足し込んでいったが、行を抜かして足し込んだり、タイプミスをしたりするためにミスが頻発していた。正しい集計値を出すためには、何度も検算しなくてはならなかった。正確で速く計算ができる社員が優秀とされたこともあり、そろばん検定や電卓検定などが流行していた。

　しかしながら、パソコンに表計算ソフトをインストールすると、数字を入力する際にミスをしなければ、人間が行うよりもはるかに速く正確に集計作業を完了

することができるようになった。また、入力された数字に誤りがあっても、目で確認することで、誤った数値だけ上書きすればよく、そろばんや電卓による計算のように始めから計算をしなおす必要がなくなった。パソコンはワープロに比べて高価であったが、ワープロも表計算ソフトも両方使えたために、急速に広まった。

　初期のパソコンは、IBM 社が販売していたパソコンの上で Microsoft 社の OS、MS-DOS 上に、ワープロソフトの一太郎、表計算ソフトの Lotus 1-2-3 が主流であった。日本では、独自アーキテクチャだが MS-DOS を採用していた NEC が、パソコン市場で主流となった。

　一方で、1980 年代半ばから後半にかけて、Apple 社のマッキントッシュを使うユーザーも少なからずいた。キーボードでカーソルキーを動かしてメニューを選択することにより機能を呼び出す MS-DOS 上のインタフェースとは異なり、画面上に表示されるアイコンを、マウスを使って動かすだけで操作できる **GUI（Graphical User Interface）** を採用していたため、ユーザーは直感的にパソコンを操作することができた上に、印刷されたものと画面に表示されているものにズレがなかったことが、一部のユーザーを虜にした。GUI を表現する言葉として、

表 4-1　事務作業のコンピュータ化（OA 化）

業　務	OA 化以前	OA 化後
書類作成	手書き	ワープロ、パソコンとプリンタ
書き損じ	取消線を引いて、正しい文言を上に書き、訂正印を押す。	データを修正して保存
文章の入れ替え、中途への文章追加	書き直し	
複写	カーボン用紙に手書き	コピー機
	トレーシングペーパーを上に置いて、下の文字を上からなぞる。	
相手に届ける	郵送	FAX
計算・集計	主に電卓・そろばん検算	表計算ソフト

ウィジウィグ（WYSIWYG＝What You See Is What You Get：見たままのものを得られる）という言葉も使われた。

　1990 年代になると、Microsoft 社もそれに倣い、Windows OS をリリースした。当初の Windows の操作性はマッキントッシュにははるかに及ばなかった（ウィジウィグではなかった）ものの、比較的安価であったことと、その使いやすさが功を奏して爆発的に利用が広がった。

（5）　LAN の普及とエンドユーザー・コンピューティングの拡がり

　パソコンが導入された初期の頃は、印刷するたびに、フロッピーディスクに保存して、プリンタが接続された別のパソコンのところに行って、フロッピーディスクからファイルを起動して、印刷していた。

　1990 年代になり、ネットワーク技術が普及し始めると、オフィスに LAN（Local Area Network：同じ建屋内で閉じたネットワーク）が導入されるようになった。先に商品化したのは Apple 社で、LAN のケーブルをマッキントッシュ同士、あるいはプリンタと直接つなげるだけで、パソコン間でファイルを共有でき、1 台のプリンタに複数のパソコンから直接印刷できるようになった。

　一方、Windows パソコンで LAN が普及したのは、Netware 社が社名と同じ名のネットワーク OS を市場に出してからである。アップルリンクと同様に、ネットワーク越しにデータ（ファイル）やプリンタを共有できるようになった。アップルリンクとの違いは、ファイルサーバというハードディスクと接続したパソコンと、プリントサーバというプリンタと接続したパソコンを別に用意しなくてはいけなかったところだ。この Netware は、後に Microsoft 社が WindowsNT というサーバ OS をリリースして普及させると、市場から姿を消してしまった。

　GUI の使いやすさに加えて、複数のパソコンから他のパソコンとデータを共有したり、1 台のプリンタに複数のパソコンから出力できるようになったりしたことで、さらにはパソコンの普及に伴って価格が下がってきたこともあり、オフィスでは全員にパソコンが支給されるようになった。全員がパソコンを利用するようになったことで、資料作成と印刷効率が各段に進んだ。

　そのうち、Excel のマクロや、パソコン上で動くデータベース付き開発ツールであった Access を使って、プログラマでもない社員がプログラミングを行い、

処理の自動化を実現するようになった。EUC（End-User Computing）である。

　それまで業務処理の自動化には、情報処理部門が取り仕切って外部の開発業者にソフトウェア開発を委託して実現してきた。ソフトウェアの開発には通常２年は掛かったため、開発コストは億を下ることはほとんどなかった。ソフトウェアが動作する環境も大型汎用コンピュータが主流だった。なかには、LANで接続されたパソコンやファイルサーバ上で、ソフトウェア開発する業者もでてきたが、それでも開発期間は１年近くかかり、費用も数千万円単位であった。

　一方、エンドユーザー・コンピューティングは、現場の社員が自身の業務の一部の繰り返し作業を自動化したり、自部署の業務を省力化するために開発したりしたため、余分な費用が掛からない。しかも、自らが日々行っている業務なので、仕様ミスもなければ、ムダも少ないということで、重宝された。そのため、ソフトウェア情報誌などで特集され、注目が集まったものの、良い点ばかりではなかった。

　例えば、専門知識のない個人がやっつけ仕事でつくったために、ソースコードが非効率であったとか、設計書が残っていないために他の人が引き継げなかった、人によってやり方が異なる、あるいはその後に全体効率を考慮したシステムに置き換える際に、余計な機能を付与しなくてはならないなど、さまざまなトラブルが起こった。これらは、現在でもRPA（Robotic Process Automation）を導入する際に同じことが起こっている。

（6）WANの普及と社外とのデータ通信

　1990年代は、ネットワークに革命が起こった時代であった。LANは、同じフロア内、あるいはフロア間の垂直ラインを電気やガス、下水などの配管と同じ空間をくぐらせて配線することで、同じ建屋内での通信には大きく貢献した。

　しかしながら、建屋の外との通信となると、公共通信網を利用せざるを得なかった。当時の公共通信網は、電話線か専用線しかなかった。電話線はアナログ回線だったため、アナログの波形を０と１のデジタル信号に変換するモデムを介して外部のコンピュータに接続した。当時の電話番号をダイヤルを回して入力していた黒電話と同じ回線を利用するため、ダイヤルアップ接続と言われていた。パソコン黎明期の速度は300bpsで、後に9,600bps、14.4kbps、28.8kbpsと、技

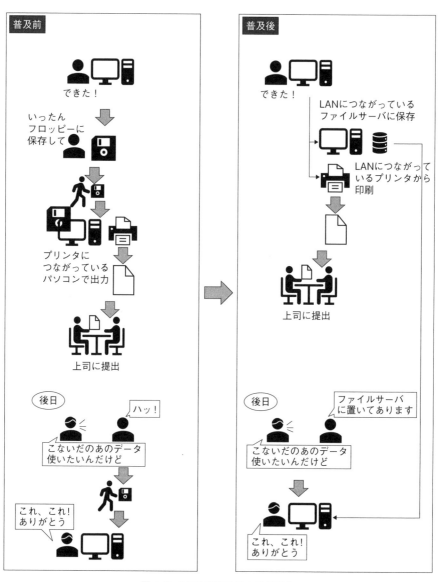

図 4-6　LAN の普及による効率化

術の向上とともに高速化していき、最終的には56kbpsで通信できるようになった。

　なお、回線速度は、1秒間に送受信できるデータの量を示している。半角文字1文字は8ビットで、全角文字は倍の16ビットであるから、300bps（bit per second：ビット／秒）というのは、1秒間に300ビット、つまり半角で37文字、全角で18文字送受信できるということになる。400字詰め原稿用紙1枚分の文字を送る場合には、21秒必要ということになる。これが56kbps（5,600bps）であれば、1秒間に半角で700文字、全角で350文字となり、400字だと1秒ちょっとで送信できる。しかし、その通信を始める前後に、回線接続後にハンドシェイクという処理が10秒ほど走るため、実際のデータ伝送時間は、もう少し長くなる。

　パソコンとの通信であれば、モデムを介した通信でもよかったかもしれないが、大型コンピュータ同士の接続や、LAN同士を接続するWAN（Wide Area Network：建屋外との間に張り巡らせるネットワーク）を構成する場合には、相手が固定されているため、つなぎっぱなしとなる。また、通常の電話回線のようにいちいち通信の必要が生じるたびに接続するのでは、貴重なコンピュータリソースを無駄にする上に、エラーが頻発したため、常時接続している必要があった。そのためには、NTTのような回線事業者から専用線を借りていたが、その頃の専用線のサービスは、まだアナログで、9,600bpsが最高速度であった。

　要するに、アナログ回線の時代には、企業間の大型コンピュータ同士をつないだ接続でも、大量のデータを送ると、夜間中に送り切れないといった時間的な制約が存在した。

　1995年になると、それまでのアナログ回線からISDNという技術を利用したデジタル回線サービスが一気に普及した。デジタル化によって、通信速度が56.6kbpsから64kbpsまたは128kbpsと倍増した。ISDNのサービス自体は1980年代後半には始まっていたが、それまでは設備にかかる費用が高く、普及を阻んでいた。アナログ情報とデジタルデータの変換をするモデムに変わって、デジタル回線では、TA（Terminal Adapter：終端装置）が必要なのだが、これが高価だったためである。1995年に低価格のTAが発売されたことで、一気に広まった。

電話回線のデジタル化に伴い、専用線もデジタル回線に切り替わっていった。それによって、それまで9,600bpsだった回線速度は、一般回線と同じ128kbpsに一気に高速化された。これにより、**企業間のデータ交換のしくみとしてEDI（Electronic Data Interchange：電子データ交換）が導入**され始めた。

EDIは、企業間の受発注や請求などを書類ではなく、直接コンピュータが扱うレコードでやりとりするしくみである。EDIを導入すると、企業間取引に伴う事務処理が不要になり、受発注業務の省力化や在庫照会や納期照会の回答が瞬時に得られるために決済処理にかかる時間も大幅に短縮する。お互いの企業のコンピュータ同士が人間抜きでやり取りして取引を進めるようになるのである。人間同士の注文のトリガーは注文の電話であったが、コンピュータ同士が取引を進めるにあたっての処理のトリガーは時間であった。つまり、あらかじめ設定しておいた時間になったら、データ転送が行われるのだ（図4-7-普及後）。

また、経理の効率化という点では、銀行との取引を全銀フォーマットに合わせたファイルを専用線でバッチ電送するファームバンキング（FB）というものも一例である。

折しも1995年は、Windows 95が発売され、インターネットが急激に普及したタイミングであった。インターネットが広まり始めたのは1993年頃からだが、モデムを利用するということで、一般の消費者が家庭に設置するには、まだ難易度が高かった。しかし、インターネットが普及し始めると、ブラウザで情報を閲覧するだけでなく、電子メールで誰とでも通信できるようになった。それまでの電子メールは、NIFTYやAOL（アメリカン・オンライン）がそれぞれもつ大型コンピュータにあるアカウント同士のやり取りしかできなかった。NIFTYのメールアドレスでは、AOLのメールアドレスにメールを送ることはできなかったのである。

インターネットでメールの送受信が可能になると、企業間の情報交換がそれまでの電話やFAX、TELEX、郵送などから電子メールに移行されるようになった。電話は、かけた相手の時間を突然奪う。さらには、会議中にかかってきた場合には、その会議の出席者全員の時間も強制的に奪われてしまう。電話ほど急ではないが、2、3時間のうちに回答が欲しいなどといった用事のときには、留守番電話やボイスメールはあるものの、一方的に話すために用件を相手に正確に伝

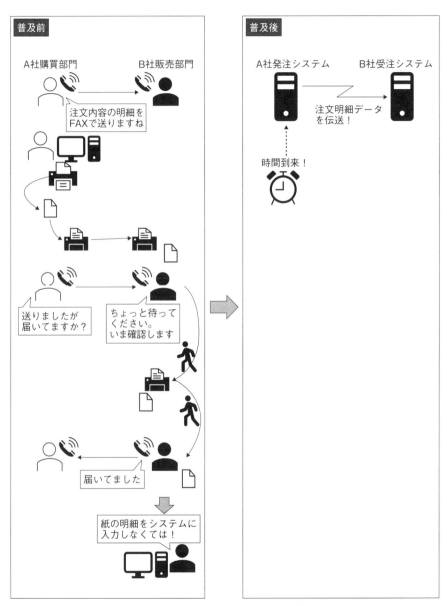

図 4-7　WAN の普及と企業間伝送の効率化

えるのが難しいところがあった。FAXは、相手のFAXの受信頻度によっては、なかなかつながらなかったり、送信しても正しく受け取れたかどうかがわからないために送達確認を電話で行うといった、本末転倒なことになっていたりしたからである。また、複数の人に同時に伝達したい場合にも、複数人に同時に送ることのできる電子メールによって、コミュニケーション効率を大幅に上げることができた。

　電話連絡の多くがメールになることで、電話によって時間が奪われることがなくなり、より本来の業務に集中できるようになった。電話をかける側にとっても、電話をかけたがつながらないので、時間を置いてかけ直すとか、相手が受話器に出るまで待つといった待機時間が減ったため、1日にコミュニケーションできる相手の人数が大幅に増えた。

（7）　UNIXとダウンサイジング

　汎用コンピュータ（メインフレーム）で動作する情報システムは、初期費用もランニング費用もとても高額であった。その上、リアルタイムシステムの端末に表示される画面はキーボードでメニュー操作する方式から変化しておらず、パソコンのGUIになれたワーカーたちにとっては無機質で使いづらいままであった。

　また、システムのユーザーが増えるにつれて、汎用コンピュータの応答が遅くなり、増設するにも費用が高すぎて容易ではなかった。そこに、すべての処理を中央で行うそれまでの汎用コンピュータの代わりに、「データの一貫性を保障して保管する機能」「主な業務アプリケーションを担う機能」「端末側で中間的なデータや描画処理などを担う機能」の3つを別々のコンピュータで行えば、金食い虫のコンピュータから離れられるのではないか？　というアイデアがシリコンバレーで生まれた。

　クライアント・サーバというこの概念は、1980年代後半に米国の大学や研究機関で使われていたUNIXというOSで動作するコンピュータ・ハードウェアをサーバ機器に用いて、端末側は（クライアントと呼ばれている）パソコンを使って構成していた。UNIXベースのクライアント・サーバ型のシステムは、従来の汎用機ベースのシステムに比べて、初期費用もランニング費用もかなり安かったため、システム・インテグレータ（SI業者）は**ダウンサイジング**（軽量化）と

称して、これまで汎用機でシステムを動作させている企業に売り込みをかけていったのである。

この動きは、2000年問題（それまでのシステムでは、西暦年号を下2桁で管理していたため、1999年から2000年になった瞬間に、ソフトウェアが1900年と判断して、日付をまたぐ計算ロジックを中心に不具合を起こすといわれた問題）の対策とともに進み、1990年代後半までには、IBMやその互換機を開発・販売していた富士通、日立、そしてNECなどの汎用機メーカーが、ハードウェア市場とパッケージ（既成品）ソフトウェア市場でのシェアを大きく失った。

その代わりに、ハードウェアメーカーであればSun Microsystems社（後にOracleが買収）、Hewlett-Packard社が、ソフトウェアメーカーであれば、Oracle社やMicrosoft社が勢いを増していった。

また、パソコンの高性能化も進み、Microsoft社がネットワークOSとして開発したWindows NTの信頼性が増してくると、高性能パソコンをサーバとして採用するという流れがやってきた。こういった大型のPCサーバ機器を開発・販売したのは、Compaq社やDell社があった。当時、パソコンの上ではUNIXが動作しなかったため、当初はクライアントはWindows 98、サーバはWindows NTといったMicrosoft一色のソフトウェア構成となりがちだったため、それを嫌ったユーザー企業はUNIXシステムを採用した。

しかし、UNIXを改良したLinuxがオープンソースとして公開され、信頼性を増していくと、次第にUNIXですらもダウンサイジングされていくことになり、市場から追われていった。UNIXからパソコンサーバへのシフトが始まった理由は、次のことなどが考えられる。

① パソコンサーバのほうがUNIXよりも安価であったこと
② Intel社のCPUが高性能化したことで、パソコンの性能がUNIXを追い抜いてしまったこと
③ Linuxというオープンソースで動くOSを採用したために、その上で動作するソフトウェアも値段を高くできなかったこと

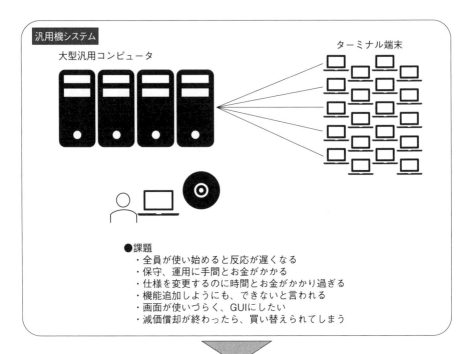

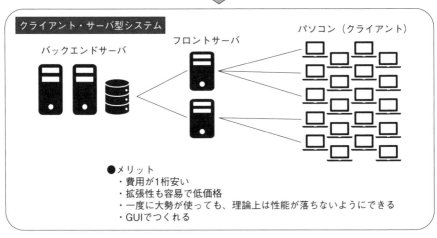

図 4-8　ダウンサイジングによるコスト効率の大幅改善と拡張性の確保

こうしてダウンサイジングが進んでいったが、一方でインターネットが普及することで、Amazonのように消費者や顧客がウェブ・ブラウザから直接企業に発注をするというEC（Electronic Commerce：ネット通販）システムが普及してくると、企業内のシステムもクライアント機能はブラウザ上につくるほうが簡単だという流れが生まれてきた。

こうして、コンピュータ技術の進展とともに、より低価格なテクノロジーを使ったシステムに企業が乗り換えてきたこととで、オペレーション・コストを下げていった。

（8） BPRとERP

企業は情報システム化を進めることで、それまで人力で行っていた業務の多くをコンピュータ処理に置き換えることに成功した。しかしながら、問題がなかったわけではない。各システムは業務機能ごとにつくられたため、部分最適となっており、業務間の連携をしようとしたときに軋轢を生み、全体としては非効率になったのである。つまり、55頁で触れたサイロになっているのである。

この問題にいち早く気づいたのは、元マサチューセッツ工科大学（MIT）教授のマイケル・ハマー氏だ。彼は、企業をより効率よく変革するためには、既存の組織やビジネス慣行、仕事のしかたを抜本的に見直し、全体を一つのプロセスと見たときに、業務がスムーズに流れるように、業務上の役割、業務フロー、管理機構、そして情報システムを再設計（リエンジニアリング）すべきだと提唱した。これをBPR（Business Process Reengineering）という。

企業は、それまで情報システムを導入して業務の多くをコンピュータが行うようになり、OA化を実現して事務作業を効率化し、企業間の業務も自動化し、取引先とのコミュニケーションを向上し、さらにはインターネットを介して顧客から直接注文を受けれるようになった。そして、情報システムをダウンサイズする際に、どうせつくり直すならば、さらに効率化するためにBPRが必須だと考えたのである。

このBPRを実現する際に注目を浴びたのは、ERP（Enterprise Resource Planning：企業の資産計画）パッケージソフトである。この考えは、もともと製造業の生産管理におけるMRP（Material Resource Planning：資材所要量計画）

という、基本生産計画と部品表情報、資材在庫、完成品在庫などをもとに、必要とする資材の購入指示と製造指示を出すしくみから発展したものである。生産管理の考え方を、全社管理に拡大したものである。

欧米では、ERP を導入し、それに合わせて要員を配置することで、BPR を実現してきた。しかしながら、日本の各社は、QC（品質コントロール）活動やトヨタの JIT など、現場の工夫によって効率化を果たしてきたプライドを捨てきれず、現場の声を優先してしまったのである。結果的に、現場がベストと考える業務やそのやり方をそのまま残し、そのために**パッケージソフトに数多くの変更を加えてしまった**。中には、まったく異なるシステムにつくり替えてしまったような状態の企業も少なくないといわれている。当初に想定していた予算（期間と金額の両方）が数倍にも膨らんだだけでなく、全体最適のために導入したはずのEFP が、部分最適しか考えない現場に捻じ曲げられてしまったのである。

結果として、日本企業で BPR に成功した例はほとんどないといわれている。最近になって、日本企業の生産性が海外企業に比べて劣っているのは、日本だけリエンジニアリングに失敗し、部分最適な業務プロセスのままだからである。

さらに悪いことに、いま **DX の崖**と経産省が呼ぶ課題の多くは、これが原因である。ERP ベンダーは、いまのクラウド時代に合わせてパッケージソフトをバージョンアップしていて、海外企業はそのまま新しい時代に合ったシステムに切り替えることができている。

一方で日本企業は、現場の近視眼的な判断を採用して ERP システムを変更するカスタマイズを多数入れてしまい、ときにはまったく異なるシステムに改造してしまったために、ERP ベンダーが用意した、いまのクラウド時代に合わせたバージョンに乗り換えることができないのである（図 4-9）。

（9） Web サービスとクラウド化

2000 年代後半になると、ソフトウェアの再利用が本格的に進むようになった。それまでは、ソフトウェアは単体で販売されるか、一部のプログラムを切り出して販売し、企業は購入したソフトウェアを自社のシステムに組み入れた。パッケージソフトもある種の再利用や共有利用である。

かつては、ソフトウェアを自社のハードウェアにインストールして使ってい

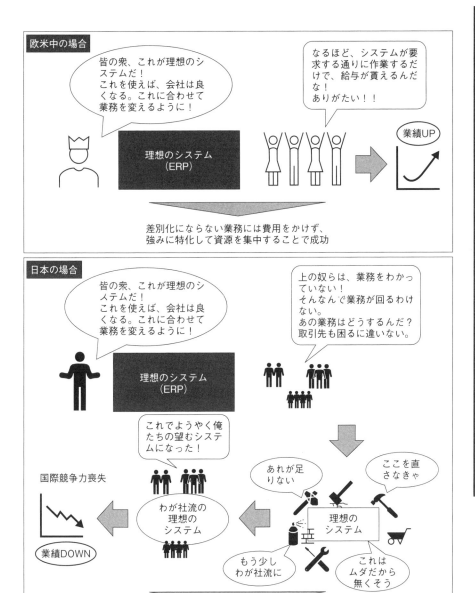

図 4-9　BPR と ERP

た。そして、そのハードウェアは、当初は自社の電算室に置いていたが、そのうち、ハードウェアベンダーが管理するデータセンターに置かれて管理されるようになった。その理由は、システムの保守・運用業務のコストが負担になってきたからである。保守・運用業務のコストを削減するために、自社でなくてもできる業務をアウトソースするようになったのである。

それでも、資金力のある企業は、自社でハードウェアとソフトウェアを購入していたが、ベンチャー企業や中小企業にとっては、それらを自社で購入することも、保守・運用することもできなかった。彼らにとっては、自社特有のカスタマイズはなくても、利用料を払って利用できればよかったのである。そういったニーズに応えて出てきたサービスが、**ASP（Application Service Provider）**である。ある種のレンタルと同じで、月額固定料金で情報システムを利用できるサービスである。

ASP は、企業の財務的な負担を減らしたが、それでも月によって売上や顧客からのアクセスに幅がある企業にとっては、万が一のときのために最大容量を借りておく必要があった。例えば、アクセスが集中するクリスマスシーズンや、テレビの CM でキャンペーンを打つときだけ、サーバ等のリソースを用意して、それ以外の時期は最小限の容量だけ借りられるようにする、といったニーズに、ASP は十分に応えられなかった。

それを実現するのが **SaaS（Software as a Service：サービスとしてのソフトウェア）**である。これが可能になった背景としては、サーバ管理ソフトの仮想化技術の進化がある。それまでは、あるサーバに複数の CPU やメモリ、ハードディスクが積まれていたとしても、一つとしてのみコントロールできた。

しかし、**VM（Virtual Machine: 仮想機械）**ソフトウェアが普及して、データセンター内のサーバの OS とアプリケーション層の間にインストールされるようになると、一つのサーバに搭載されている複数のリソース（CPU やメモリ）のうち、一部をあるアプリ（アプリケーション・ソフトウェア）に割り当て、残りを別のアプリに割り当てたり、そのアプリが別のサーバのリソースも同時に使えたりできるといったことができるようになったのである。さらには、そのリソースの割り当てを動的に変更することができるようになると、前述のようにアクセスが集中する瞬間だけリソースを増やすことが可能になったのである。

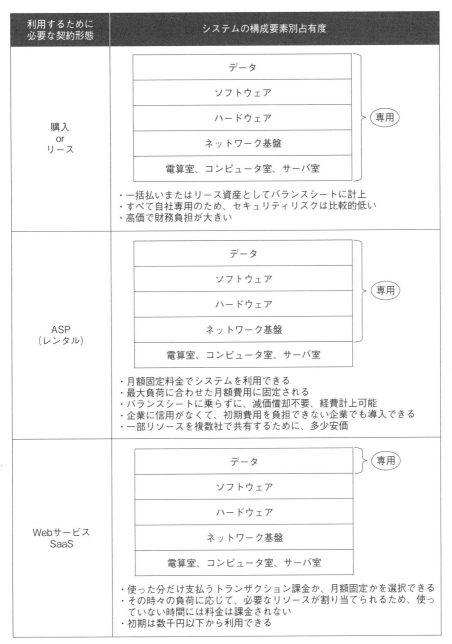

利用するために 必要な契約形態	システムの構成要素別占有度
購入 or リース	データ ソフトウェア ハードウェア ｝専用 ネットワーク基盤 電算室、コンピュータ室、サーバ室 ・一括払いまたはリース資産としてバランスシートに計上 ・すべて自社専用のため、セキュリティリスクは比較的低い ・高価で財務負担が大きい
ASP （レンタル）	データ ソフトウェア ハードウェア ｝専用 ネットワーク基盤 電算室、コンピュータ室、サーバ室 ・月額固定料金でシステムを利用できる ・最大負荷に合わせた月額費用に固定される ・バランスシートに乗らずに、減価償却不要、経費計上可能 ・企業に信用がなくて、初期費用を負担できない企業でも導入できる ・一部リソースを複数社で共有するために、多少安価
Webサービス SaaS	データ ｝専用 ソフトウェア ハードウェア ネットワーク基盤 電算室、コンピュータ室、サーバ室 ・使った分だけ支払うトランザクション課金か、月額固定かを選択できる ・その時々の負荷に応じて、必要なリソースが割り当てられるため、使っ 　ていない時間には料金は課金されない ・初期は数千円以下から利用できる

図 4-10　Web サービスとクラウド化

クラウドサービスは、このようなデータセンター内のサーバやネットワークリソースを仮想化して管理することで、自在にリソースの割り当てを変更できるようになっている。したがって、複数の企業が複数の用途のアプリを複数、同じクラウド上で動作することが可能になり、それぞれがリソースの割り当てを増減する必要のあるタイミングに合わせてリソースを変更することができるようになっている。クラウドサービスを提供する業者にとっては、すべての企業のすべてのアプリケーションが同時期にアクセスの集中を起こさなければ、凸凹がうまく相殺し合って、より少ないリソースですべてのユーザー企業のニーズを満たすことができるのである。

　企業は、さまざまな SaaS が出てくるにつれ、情報システムのコストを大幅に削減できるようになった。

（10）　これまでの企業変革はコンピュータ導入による業務効率化

　これまで見てきたように、**これまで企業において行われてきた変革は、ほとんどがコンピュータの導入による業務効率化**であった。それを一覧できるようにまとめたのが図 4-11 である。

　1960 年代からコンピュータがビジネスに活用され始めた。当初は計算が主体の会計処理から始まり、コンピュータの機能と性能が進化するに伴って、徐々に複雑な業務処理をコンピュータに移管してきた。1980 年頃からワープロやコピー機、FAX といった OA 機器が導入され、次にパソコンが導入されると、オフィス内の雑多な事務作業（手紙・電子メールや、経営指標の計算から報告書の作成など）が効率化されていった。この頃から業務システムの進化と、事務処理の進化の 2 つの流れに分かれていく。事務処理を効率化する手段がパソコン上のアプリケーションから、インターネット上のクラウドサービスに移行していくのに対し、業務システムは、汎用コンピュータから小型化し、業務ごとに分断されていた業務がコンピュータでシームレスにつながるように変革された。

1960年	コンピュータ導入（バッチ処理）	
	会計システム導入 ➡	・経理業務の効率化
		・電算室業務の増加
1970年	リアルタイム処理導入	
	受発注システム導入 ➡	・各部門の営業事務の効率化
		・電算室業務の効率化
1980年	情報システムの戦略的利用	
	協力企業への開放 ➡	システムの戦略利用（SIS）

OA化
手書き書類の書き直し ➡ ワープロ、（パソコン＋プリンタ）
トレース作業 ➡ コピー機
郵送 ➡ FAX
電卓 ➡ 表計算ソフト

1990年 エンドユーザー・コンピューティング（EUC）
・GUI化：パソコンの使いやすさ向上
・LANの導入：データファイルとプリンタの共有
・オフィスユーザーによる自動化処理開発（EUC）

社外とのデータ通信
・WANの普及
・EDI、全銀フォーマット、ファイル転送など

1995年 ダウンサイジングの波
大型コンピュータから
クライアントサーバ型の
システムへの移行
【当初はUNIX、次第にLinuxへ】

BPRとERP
・パッケージを利用した業務の再設計
・世界中の企業が導入するも日本では大失敗
企業の競争力が低下、国際的な存在感も失う

Webサービスとクラウド化
・クラウド（IaaS、PaaS）の利用によりSaaSが普及
・システムは保有する時代から利用しただけ支払う時代へ

図4-11　コンピュータ導入と業務効率化の歴史

2. これまでの変革と何が異なるのか？

　前節では、企業の変革の歴史をコンピュータの歴史とともに振り返ってきたが、お気づきだろうか？　これまで企業が行ってきた変革は、すべて省力化や時間の短縮、リソースの節約といった効率化だったのである。

　しかしながら、DX が求めているトランスフォーメーションは、これとはまったく異質の変化である。経産省の定義によれば、この変化はビジネスモデルを変更するということではあるが、単に一括払いを分割払いにしたり、リース契約やレンタル契約にしたりするといったものではない。本節では、この点について、掘り下げていく。

---

① 産業革命以上のインパクトがやってくる
② 不可能だったことが可能になった
③ 社会構造、産業構造の変化に合わせて（ビジネスモデルを変える）

　例えば、自動車メーカーはクルマを生産して販売するというビジネスモデルが成り立たなくなりつつあることに気づいた。そこで、サブスクリプションモデルやカーシェアなどの新しいビジネスモデルを模索している。

（1）　産業革命以上のインパクトがやってくる

　われわれにとって産業革命は、はるか昔のことのような気がするので、ピンとこないかもしれない。そこで、次の2つの写真を見ていただきたい。

　図 4-12 は、100 年近く前の 1920 年代のロンドンにあるイギリスの中央銀行、イングランド銀行前の光景だ。

　この頃は、第一次世界大戦が終わり、再び経済が活況に沸き始めていた頃であり、

図 4-12　100 年前のロンドン街の交通
（引用：Pinterest）

世界の覇権がイギリスからアメリカに移り始めていた頃だ。大勢の人が行き交っているほかに、自動車と自転車も多くみられる。これらは第二次産業革命の結果生まれ、米国で大量生産されるようになった。自転車についてはおそらく米国から輸入されたものだろう。写真中央上と写真左端にガス灯があるが、まだ電灯は普及する前のようである。この間隔ではロンドンの夜は、真っ暗に近かったのではないかと想像できる。ちなみに、この頃の日本の元号は大正。

図4-13 は、そこからさらに 20 年遡った 1900 年頃の同じ場所の写真だ。第二次産業革命が起こったのは、1865 年〜 1900 年とされているので、その最後の年だ。道を走っているのは人と馬車であり、自転車すら走っていない。

この 2 枚の写真から何に気づくだろうか？ わずか 20 年で生活が激変していることだ。電気はまだ家庭までは普及しておら

図4-13　120 年前のロンドン街の交通
（引用：flickr）

ず、人々はランプ（日本ではあんどん）で夜の灯りを取り、食事は薪を燃やしてつくっていた。

なぜこのような昔話をしたかというと、次の 2 点に注目してほしいからだ。

① 人々の生活がわずか 20 年でいかに劇的に変わったか
② 電気が発明され、普及する以前と、いまの暮らしの差がいかに大きいか

第二次産業革命では、電気が発明され、フォードによって大量生産が発明された。この 2 つがなければ、われわれの生活は

・夜は、ランタンで過ごす

・冷蔵庫はないために、食品は長期間保存できない

・移動に時間がかかる

・洗濯は手洗い

・水も井戸水を汲んで使う

・食事は薪に火をつけて料理する

・電話がないため、通信手段は手紙のみ

　・生活物資もすべて手づくりなので、なかなか手に入らない

というキャンプのような生活になる。

　イメージしてもらいたいのは、この生活レベルの差だ。つまり、産業革命が起こしたインパクトだ。いまこれを読んでいる瞬間に、この変化を肌で感じてほしい。もし、突然電気がなくなったらどうなるか？　それを感じてほしい。

　この変化のインパクトを肌で感じたら、次にしてほしいのは、この先15年で、これ以上にインパクトある発明や変化が起こるということに対する心構えである。

　この先15年で「実用化され、普及する技術」を列挙しよう。

・AI

・IoT と通信技術（5G、6G、7G）

・地球上すべてをカバーする衛星無線インターネット網（4G）

・宇宙開発と人工衛星の低価格・高性能化

・ロボット技術（マイクロロボット、生体ロボットも含む）

・太陽光発電（ビルの壁や道路までもが発電するように）

・エネルギー貯蔵（バッテリー）

・ブロックチェーン

・3D プリンタ

・CRISPR による遺伝子操作

・幹細胞（再生医療と細胞培養肉）

・ウェアラブルデバイスとセンシング技術

・VR/AR

・EV

・自動運転

・ドローン

・大気中の CO_2 吸収・再生

・廃棄物の生分解による再利用技術

・材料工学

・核融合　etc.

　おそらく、ここに挙げたものがすべてではないだろう。これらの技術が世の中を劇的に変えていく。

　なぜなら、これらの技術は、これまで「不可能」だったことを「可能」にしたからだ。なお、これらの技術は総称して、エクスポネンシャル・テクノロジーと呼ばれる。技術が、時間軸に対してエクスポネンシャル・カーブ（指数曲線）を描くように進化していくからだ。

（２）不可能だったことが可能になった

　これらの技術がどのように不可能を可能にするのだろうか？　一つひとつ考えていきたい。

●AI

　AIが人間のように、自分よりも優れたものを生み出すようになる瞬間をシンギュラリティと呼ぶ。このシンギュラリティが起こると、それ以降はさらに急速にさまざまな発明が起こり、その時期は、2040年代に入ってからだろうといわれている。したがって、今後15年間でAIが可能にすることというのは、まだ人間に完全に置き換わるところまではいかない。

　AIを人間と比べたときの特長は、**抜群の記憶力**と**学習能力**、そしてそれらの**コピー能力**だ。どんなに大量のデータであっても、それをインプットして学習する。そして、学習済の頭脳がコピーできるという点も、人間よりも圧倒的に優れている。

　つまり、人間と違って忘れないし、人間は他人が経験したことは自らの経験にできないのに対して、AIは世の中に散らばるカメラやセンサー、あるいは業務システムを流れるデータすべてを集約して経験することができる。人間は他人に何かを伝えると内容が劣化して伝わる（例：伝言ゲーム）が、AI同士が学習した内容を伝える場合には劣化しない（図4-14）。

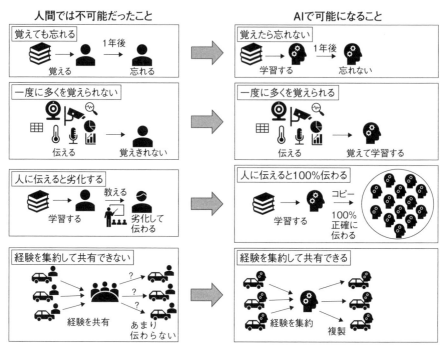

図 4-14　AI の人間に対する優位点

●IoT と通信技術（5G、6G、7G）

　IoT が可能にするのは、モノがモノを言うようになるということだ。これまでは、物体の状態を知るためには、人間がその物体のところまで歩み寄って観察しなくてはいけなかった。物体の内部の状態を知るには、物体を分解する必要もあった。しかし、物体が IoT センサーを備えることで、**物体のほうから遠方にいる人やシステム、AI（正確にはクラウドを通して）に、自らの状態を伝えることができるようになった**（図 4-15）。

　これまでは人間が物体に歩み寄る必要があったために、物体の点検は、1 日に1 回や、1 年に 1 回の間隔でしか行うことができなかった。例えば、電気やガスのメーターは 1 か月に 1 回でしか使用量を把握できない。もちろん、物体というのは、人間も含む。したがって、健康診断は通常年 1 回の間隔で行われる。しかし、センシング技術と IoT のおかげで、24 時間 365 日、そして必要であれば毎

これまでの常識	IoTが可能にすること
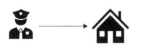 人がモノに歩み寄って モノの状態を確認	 モノが自らの状態を報告
●無数のモノの状態を知るには膨大な時間と労力が必要になるため、たまにしか測定できない	●無数のモノの状態を毎秒知ることができる

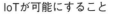

図4-15　IoTの本質

ナノ秒の間隔で物体の状態を知ることができるようになる。

　5Gなどの通信技術は、IoTの構成要素にすぎないが、そこら中にある物体すべてにセンサーを装備した場合、4Gや5Gでは、その通信量に耐えられないため、IoTの普及には、6G、7Gが必須となってくるという意味で、同じ扱いにしている。

（3）　社会構造、産業構造の変化に合わせてビジネスモデルを変える

　これまで企業が行ってきた変革は、すべて省力化や時間の短縮、リソースの節約といった効率化だったと前述した。一方で、**これからの10年、15年は、これまで不可能だったことが、次々と可能になっていく期間**だ。

　コンピュータによる情報革命とそれに続くインターネットによる2020年までの変化を第三次産業革命と呼ぶとすれば、これからの15年は第四次産業革命と呼ぶに値する。じつのところ、この第四次産業革命は、第一次産業革命や第二次産業革命を凌駕するインパクトを社会に与える。それは、前項で一覧化した「実用化され、普及する技術」を見れば、感覚的に理解できると思う。

　太陽光発電があらゆるところに広がり、エネルギー貯蔵が安価になり、核融合までもが実現すると、エネルギーは環境を破壊することなく無尽蔵につくり出されるようになる。当然、無料に近づくに違いない。

　エネルギーが無料に近づくと、物流コストも、冷蔵・冷凍のコストも、移動コストも、大幅に安くできるようになる。さらには自動運転技術のおかげで、運転

表 4-2　エクスポネンシャル・テクノロジーが事業環境を大きく変える

	不可能だったこと	可能になること
衛星インターネット網	回線敷設費用が高価なため、僻地の住人はインターネットを利用できない	80億人がインターネットに接続できるようになる
宇宙開発と人工衛星の低価格・高性能化	人工衛星の打ち上げは高価なため、衛星データや衛星画像は限られた国家や企業しか利用できなかった	人工衛星が安価になり、小型高性能化することで、誰もが衛星からの測定データや画像が利用できるようになる
ロボット技術	危険な仕事には命のリスクが伴った。寝ずに働くことはできない。	24時間365日、ほぼ連続して働ける。危険な仕事も低リスクで行える。
太陽光発電	化石燃料を燃やして地球環境を犠牲にするしかなかった。 ソーラーパネルを設置しないと発電しない。	発電する塗料やフィルムの出現により、陸上のあらゆるモノで発電できるようになる。 太陽エネルギーという無限にあるエネルギーを利用するため、自然環境を犠牲にすることなく、無料でエネルギーを使える。
エネルギー貯蔵	自然エネルギーを貯蔵しておけないため、必要なときに不足し、化石燃料を捨てきれなかった。	自然エネルギーを貯蔵しておけるため、自然エネルギーが不足時にはバッテリーから融通できるようになる。
ブロックチェーン	不正・改ざんを防ぐことができなかった。	不正・改ざんはすぐに明るみになるため、誰も行わなくなる。
3Dプリンタ	鋳型でつくるため、複雑な形状のものがつくれず、シンプルな形のものをボルトとナットでつなぐために部品点数が多かった。 生産拠点が消費市場から離れざるを得なかった。 製品在庫と物流が多かった。	複雑な形状のものをつくれるため、部品点数が圧倒的に少なくなった。 生産拠点を消費市場に持つことができるようになり、製品在庫と物流が不要になる。
CRISPR	不治の病に打つ手がなかった。	アルツハイマーや遺伝子疾患を根治できるようになる。
幹細胞	怪我の治癒に時間がかかった。失った臓器は人工物に置き換えるしかなかった。 牛肉を食べるためには、地球環境を犠牲にして家畜を育てなくてはならなかった。	傷んだ生体組織を再生させることができる。臓器ドナーなく、培養した臓器の移植ができるようになる。 家畜を育てずに細胞を培養するだけで牛肉が食べられるようになる。
ウェアラブルデバイスとセンシング技術	五感を遠隔にいる他人に正確に伝達することができない。 身体や物体を傷つけずに内部の状態を知ることができなかった。	五感をデジタルデータで遠隔にいる他人に伝達することができる。 身体や物体を破壊せずに内部の状態を知ることができる。

VR/AR	遠隔にいる他人に臨場感を伝えることが困難だった。 パソコンやスマホなどの情報端末を持ち歩く必要があった。	遠隔にいる他人と臨場感を共有することができる。 AR眼鏡以外の情報端末を持ち歩く必要がなくなる。 移動の必要性や直接対面で会う必要性が減る。
EV	化石燃料を用いて地球環境を犠牲にしなければ移動できなかった。	化石燃料を用いずに移動できる手段ができた。
自動運転	自ら運転するか、運転手を雇わなくては、移動ができない。	自ら運転する必要がなくなり、移動にも人件費を払う必要がなくなる。
ドローン	近距離での移動や物流は、空を活用できなかった。 空中撮影も困難で、高価だった。	空からの作業や撮影・データ収集が容易になる。 近距離での移動や物流が容易になる。
大気中のCO_2吸収・再生	化石燃料を使って、大気中のCO_2を増やすことしかできなかった。	大気中のCO_2を減らすこともできるが、化石燃料を掘り出さずに有機化合物や燃料をつくりだすことが可能になった。
廃棄物の生分解による再利用技術	廃棄物の処理は、燃やすか、埋めるかの２択しかなく、環境を汚染していた。	微生物を活用し、生分解することで、土や石油原料に戻して、再利用することができるようになる。
材料工学	希少な地下資源を掘り出すか、必要な機能を満たす物質がないために、つくれないものが多かった。	カーボンナノチューブや、透明なアルミニウム、自己治癒コンクリートなど、「有ったらいいな」が可能になる。
核融合	化石燃料や原子力を利用してエネルギーを獲得するしかなかった。自然エネルギーは不安定で、バッテリーなしでは頼りにしづらい。	放射能汚染の危険なく、CO_2排出もなく、天候に左右されずに無限のエネルギーを生み出せるようになる。

手・操縦士の人件費も不要になるため、運送費と移動費はますます低価格化する。

　食糧は、細胞培養肉の普及により、森林破壊の原因となっている家畜生産が減るだけでなく、エネルギーが無料になることで植物工場の採算性が大幅に改善し、大都市など一大消費地で新鮮な野菜がつくられるようになる。

　衛星インターネット網が地球を覆うように張り巡らされ、これまでインターネットにアクセスできなかった40億人を含めた地球上に住む80億人全員がインターネットにつながる。インターネットで完結するビジネスにとっては、80億人が潜在顧客となるのだ。例えば、エンターテインメントや教育ビジネスなど、言語の壁が無くなれば、グローバルで展開できるようなビジネスは、こういった

恩恵を受けることができる。そして、インターネット上のビジネスであれば、誰もが無料で事業を起こすことができ、80億人がビジネス上の競合になり得るのだ。

　ウェアラブル機器やハイパースペクトルカメラなどのセンシング技術の発展によって、人々は24時間365日身体の状態を測定できるようになる。そこにAIが加わることで、少しでも異常が発生すれば、すぐに治療できるようになる。そして、再生医療やm-RNAを用いたワクチン開発、CRISPRなどの遺伝子編集技術は、失った健康を取り戻すだけでなく、若返りすらも可能にする。つまり、健康寿命が大幅に伸びるため、老後の生活は短くなり、いまの20〜40代の現役時間が2〜3倍に伸びるだろう。

　ビジネスは、誰かの課題に対して解決策を提供するものだとすれば、上記のように**多くの不可能が可能になる**世の中になったとき、いまの事業で提供しているモノには誰も関心をもたなくなるだろう。したがって、**これまで人々が抱えていた課題とは異なる社会課題を解決する事業でなけれは、誰も見向きもしなくなる**に違いない。

　これが、これからの企業に求められている変革なのだ。

Chapter 5 デジタル化社会におけるビジネスモデルの変化

　これまで、世の中が急速に変化している背景と、現在、企業が抱えている実務的な課題を説明してきた。そして、必要とされている変革は、これまでのようなコンピュータの発展に合わせた業務の効率化ではない。これまで不可能だったことを、まるでオセロゲームの盤上で黒が白に変わっていくように、新しいテクノロジーが次々と可能にしていく時代に合わせた変革だということを述べてきた。これからの時代に求められているのは、社会構造、産業構造の変化に合わせてビジネスモデルを変えることなのだ。それをデジタルの力を利用して行うのが、DX（デジタル・トランスフォーメーション）である。

　本章では、企業がデジタルの力を借りてビジネスモデルを変えるということが、どういうことなのかについて、すでに先行している企業の事例を参考にしながら、考えていきたい。

1. DX とはビジネスモデルを変えること

　ここ数年、徐々に企業でも取り組み始めた変革の動きとして、DX は欠かせない。さらにはコロナ対策として非対面で業務を行える必要性が突然訪れたために、2020 年に突然脚光を浴びた。しかし、ほとんどの人は、DX が何なのかについて、本当のところは理解していない。多くの人は、デジタル化と混同していて、単にこれまでやっていた業務を IT（情報技術）で、デジタル（0 と 1 から成る信号）に置き換えれば、リモートで仕事ができるとか、これまで紙の書類を介さなくてはいけない業務で、転記や二重入力の手間が必要だったものが、デジタル化で不要になることぐらいにしか理解していない。

　しかし、この理解は大間違いだ。なぜなら、DX は、デジタルの力を利用して、ビジネスモデルを変えることだからだ。

　トランスフォーメーションという言葉は、変化という意味があるため、日本語では「変革」と訳されることが多い。しかし、本来の意味は、「変態」である。

これは、芋虫がさなぎになり、蝶やカブトムシになる様を意味する。「トランスフォーマー」という玩具があるが、あれはロボットがクルマに変身するから「トランスフォーマー」なのだ。「変態」という言葉は、日常われわれが使う言葉としては、違った意味になってしまうために、使うことを避ける傾向にあることも、「変革」という言葉が用いられる原因かもしれない。だとしたら、「変身」と言うほうがよりしっくりくる。

　日本語でどのように表現するかはともかく、事業をトランスフォームするということは、すなわちビジネスモデルを変えるということだ。DX は、どうしても誤解しづらい「デジタル」という言葉のほうに重きが置かれがちだが、本当に重要なのは、「ビジネスモデルを変えること」であり、デジタルは手段でしかないのだ。

　ビジネスモデルを変えるということは、言い方を変えれば、商売のやり方を変えるということだ。ビジネスモデルとは、顧客に対して価値を提供して利益を上げるしくみのことだ。

　それを変えるというのは、**顧客を再定義し、顧客に対して提供する価値を見直し、それをどのように創り出し、どのように顧客に提供し、それによってどのように対価を得て、さらなる事業活動の展開につなげるための利益を出すか、**といったことを変えることである。単なる効率化ではないことは、明らかだ。

・顧客は誰？

・顧客に対して、どんな価値を提供する？

・その価値は、どうやって創り出す？

・創り出した価値をどうやって顧客に届ける？

・そこから、どのように対価を得る？

・その対価は、さらなる活動の原資になる？

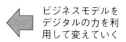

ビジネスモデルをデジタルの力を利用して変えていく

図 5-1　デジタル・トランスフォーメーションが問うこと

2. 既存産業をディスラプトする企業の共通点は、財務構造にある

デジタル・トランスフォーメーションの必要性が叫ばれている背景は、もともと、これまで述べてきたような新しいテクノロジーが次々と不可能を可能にし始めているからではなかった。2008 年頃からクラウド技術とスマートフォンを使った新しいサービスを市場に出してきたスタートアップ企業が、わずか数年で既存産業のトップ企業を凌駕するまでに成長し、既存産業の利益の源泉をズタズタにしてしまったからだ。こうした既存産業をディスラプトしてきた企業とは、どのような企業なのだろうか？ これまでの既存産業の企業とは、どう異なるのだろうか？

この問いへの答えには解決策のヒントが詰まっている。

CB インサイトは、世界中に存在するユニコーン企業の一覧を Web サイトで公表している。それによると、ユニコーン企業が 2020 年 11 月末から 2021 年 8 月末までのわずか 9 か月で 59％も増えているのだ（図 5-2）。これは 1 年 3 か月で 2 倍になるペースだということを意味している。

ユニコーン企業とは、創業 10 年未満の若い企業のうち、時価総額 10 億ドル（1100 億円）以上の未上場会社のことをいう。つまり、10 年前には存在しなかったが、急速に成長して、大企業並みの資本力をもった企業のことだ。

上場もしていない、このような新興企業になぜこれほどの評価が下されるのかというと、これからの社会で主流になる企業だと思われているからだ。つまり、既存の産業の垣根を壊し、産業そのものを消失させる可能性を見せている企業ということだ。こうした企業の多くは、デジタル・ネイティブ企業としての共通点をもっている。DX の必要性が叫ばれたのは、既存の産業を担っている企業が、こうしたデジタル・ネイティブ企業に対抗するためには、デジタル化によってビ

ユニコーン企業の数

2020年11月末　　　　　　2021年8月末
504社　　　　　　　　　　801社

わずか9か月で297社も増加

※ユニコーン企業とは
・創業10年未満
・企業価値10億ドル以上（1,100億円）
・未上場

図 5-2　ユニコーン企業が急増している
（出典）　CB インサイトより

ジネスモデルを変えることが必須だからである。

　デジタル・ネイティブ企業は、単に IT を駆使しているから業界の垣根や国境を越えられるのではない。既存産業のトップ企業と財務諸表を比べると、その本質が見えてくる（図5-3）。

　例えば Airbnb 社は、2008年に設立されたばかりの宿泊サービスを営む新興企業だ。2020年12月、コロナ禍で世界的に旅行市場が壊滅的な状態にもかかわらず NASDAQ に上場し、2021年8月時点の時価総額は、1008億ドル（11兆円）だ。業界最大の Marriott Internationl 社の445億ドル（5兆円）、Hilton Worldwide Holdings 社の354億ドル（3.9兆円）の2倍以上だ。

　この2大ホテルチェーンは、ホテルの部屋を固定資産もしくは、賃料という固定費で調達し、販売しているが、Airbnb 社はこれらに対して売上が上がらない限りはコストを支払っていない。余剰部屋をもっている個人または法人の資産を、宿泊客に紹介しているだけだからだ。今回のようなコロナ禍で宿泊者が激減している状況では、財務負担がないという点で、かなり有利だ。しかし、コロナ以前であっても、投下する資金に対して得られる利益率には、圧倒的な差が出るはずだ。

　配車アプリの Uber 社も、既存のタクシー業界の利益構造をズタズタにしてし

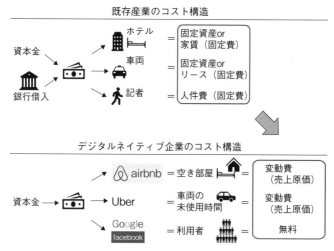

図5-3　デジタル・ネイティブ企業の強さの本質は、財務構造にある

まった。既存のタクシー業界が、車両という固定資産を購入して毎月減価償却するか、あるいはリース費用を払い続けるなど、大きな固定費を抱えていたにもかかわらず（場合によっては、人件費も歩合ではなく固定費として負担していた）、Uber 社は売上が発生したときにしか、車両の費用とドライバーの人件費を支払う必要がないモデルをつくり上げた。なぜなら、ドライバーとドライバーが保有している車両の空き時間を利用してビジネスを展開したからだ。

Facebook 社や Google 社にいたっては、他の広告メディアがコンテンツ作成のために人件費という固定費を掛けているのに対し、他のコンテンツのリンクを表示する検索エンジンであり、利用者がコンテンツを作成する **CGM**（Comsumer Generated Media）であるため、コンテンツ費用がそもそも発生しない。

つまり、多くのデジタル・ネイティブ企業の共通点は３つある。

１番目は、システム以外の**固定資産をもたず、固定費がほとんど掛からないため、投下資本の回収が極めて大きい**。

２番目は、**費用の大部分は、売上が発生するタイミングで同時に発生する**売上原価に相当することから、売上が上がらなくても赤字になりづらい。

３番目は、利用者が増えてもコストが増えない**限界コストの低い構造**であるということ（図5-4）だ。

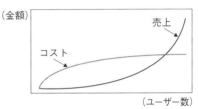

図 5-4　デジタル・ネイティブ企業の限界コストは低い

つまり、利用者が増えれば増えるほど、利益率が上がるため、**グローバルに展開すると、資金的に他の追従を許さなくなるのだ。さらには、ネットワーク効果**が発揮されることで、**利用者が増えれば増えるほど、さらにサービスが充実**（部屋の提供者や、走り回る空車が増え、コンテンツが充実する）し、利用者にとっての魅力がさらにアップする。

既存の企業が新しいビジネスモデルを考える上で、これらデジタル・ネイティブ企業が採用している財務構造を軽視するべきではない。この財務構造が生み出す膨大なキャッシュフローが、企業の急成長を可能にし、企業価値を 1,000 億円～数兆円に押し上げ、そこから上場することによって、膨大なキャッシュを手にすることを可能にするからだ。そして、そのキャッシュを元手に、新たなビジネ

スモデルに挑戦することを可能にするのだ。

Uber 社と同じビジネスモデルで東南アジアで活躍する Grab 社は、出前サービスを展開し、東南アジアに普及していなかった宅配事業や、ウォレットの提供から FinTech 事業にも展開している。

Uber 社は、パッセンジャー・ドローン（空飛ぶタクシー）の計画まで立て始めた。

Facebook 社は、Instagram 社を買収し、さらには Oculus 社を買収して XR（AR/VR）業界への進出を狙っている。各国政府から妨害を受けて動きは遅くなったが、Libra という仮想通貨をつくることまで視野に入れていた。このプロジェクトは、Diem と名前を変えて、いまも進行している。

3. デジタル化できるモノできないモノ

ところで、デジタル・ネイティブの事業モデルを真似ようにも、モノを扱っている産業は、どう考えればよいのだろうか？

物理的なモノは原子から成り立っていて、電子にすることはできない。雑誌 Wired 編集長だったクリス・アンダーソン氏は著書『フリー〈無料〉からお金を生みだす新戦略』(NHK 出版) の中で、アトムとビットというメタファーを用いて、ビット（電子、デジタル）経済では 95%を無料にしてもビジネスが可能と述べているが、アトムではそうはうまくいかない。

しかし、じつはこれまでも数多くのアトムがビットに置き換わっているのに気づいているだろうか？ カメラ、フィルム、アルバム、時計、カレンダー、手帳、地図、コンパス、電話、電話帳、メモ、ペン、手紙、辞書、テレビ、ラジオ、ステレオコンポ、本（棚）…。これらは、いずれも少し前まで机の上か、部屋のどこかにあったモノだ。しかし、いまはすべてデジタル化されてスマートフォン（または、クラウド）の中に入ってしまった。このように、モノの中にも、アトムがビット（ソフトウェア、デジタル）になるものがある。

では、どうしてもソフトウェア化、デジタル化できないモノとは、どんなものがあるだろうか？ まず、生命体はデジタル化できない。飲食物や薬など口に入れるものも、ソフトウェア化しても意味がない。雨風を防ぐものや、建築物・構

これら物理的なモノは、
すべてデジタル化されて、
スマートフォンの中に

図 5-5　モノがデジタル化する

造物、人や荷物を運ぶ自動車や船舶、航空機も難しい。発電や蓄電など、化学反
応や物理的な移動やエネルギーの移動を伴うものも難しそうだ。

　一方で、スマートフォンの中に入ったものに共通しているのは、情報や音声に
置き換え可能なものと言える。

4.　製造業のサービス業への転換

　デジタル化できないモノを扱っている製造業は、どのようにデジタルの力を利
用できるだろうか？

　もちろんデジタルはあくまでも手段であり、それが目的ではない。しかし、何
か突破口があるかもしれないので、考えてみるのは悪いことではない。例えば自
動車はどうだろうか？

　Tesla 社は、**ハードウェアである自動車産業をソフトウェア産業にした**。厳密
に言うと、ハードウェアを提供していることには変わりないが、付加価値の源泉
をソフトウェアに移行したのだ。自動車にまるで Windows や iPhone の OS の
アップデートのような概念を取り入れている。例えば、「モデル S」の低価格モ
デルと高価格モデルでは、じつは同じハードウェアを備えているが、ソフトウェ
アで低価格モデルの性能を落としている。したがって、Wi-Fi でインターネット
に接続して、Tesla 社のサイトでアップグレードを選択すれば、高価格モデルに

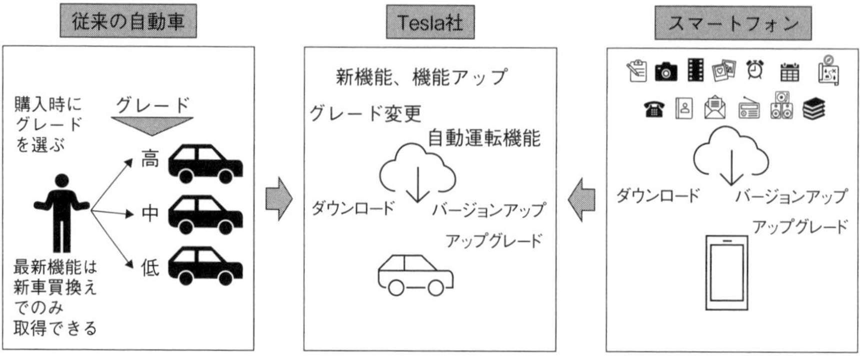

図 5-6　付加価値の源泉をソフトウェアに移す

移行できるというわけだ。バッテリーの容量までもソフトウェアの設定で性能
アップができる。

　自動運転機能についても、AI が学習を深めてより高い性能が出せるようにな
ると、成長した AI をダウンロードして入れ替えることで、より高度な自動運転
が可能になる。Tesla 社は、すでに販売済累計150万台近い車両に、Lidar やレー
ダー、複数のセンサーを積んでいて、その測定データをすべてクラウドに集めて
いる。AI は、それを学習しているのだ。

　この Tesla 社のソフトウェア戦略は、さらに先を見ている。2019 年にイーロ
ン・マスク氏が発表したのは、自動運転機能のアップグレードだけではない。自
動運転のレベル 5 が実現したときには、Uber のようなロボットタクシー事業へ
の投入を視野に入れていることを発表した。利用しない時間帯に、自分の車がロ
ボットタクシーとして走り回って、収入を稼いでくれるようになるというのだ。

　Tesla 社以外にも、製造業がデジタルを活用することで、ビジネスモデルを変
えられる要素はある。**デジタルツイン**という言葉をご存じだろうか?

　工場の設備や製品の中に、IoT センサーを仕込むことで、その設備や製品機器
の実物を目視しているかのように、遠隔でその設備や製品機器の状態をデジタル
データで知ることができるというものだ。設備一つひとつ、製品一つひとつに、
温度や湿度、振動などのセンサーをつけて、そこから毎マイクロ秒ごとにデータ
を取得することができれば、故障が発生した際に、その故障発生の直前の各部品
の温度や振動の異常を調べることで、今後の故障を予知できるかもしれない。あ

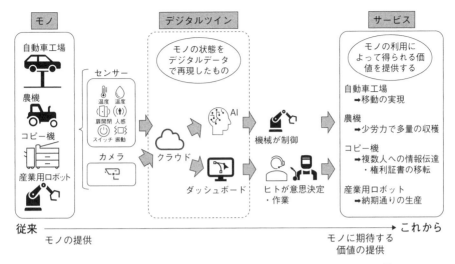

図 5-7　デジタルツインで、モノに期待する便益をサービスとして提供

るいは、各機器の設定値を瞬時に変更できるようになっていれば、より効率の良い運用もできる（図 5-7）。

　これを応用すると、**製品を販売するのではなく、その製品を使うユーザーに対して、その製品の利用によって得られる価値を提供するサービス業に転換する**ことができる。

5. 顧客体験を考えた事業構築（NIO の事例）

　本節タイトルの代表例が、中国の自動車メーカーである NIO 社だ。厳密に言うと、NIO 社はこれまで通りクルマを販売しているが、**競争優位の源泉はサービスにある**。NIO 社は EV メーカーだが、自社で生産していない。独 VW 社が50%出資している JAC 社（安徽江淮汽車）に製造を委託しているのだ。つまりファブレスだ。生産設備という膨大な固定資産を負担していないという点では、これも財務構造的に製造業が一考に値する方法だ。話を元に戻すと、NIO 社の競争優位の源泉となっているサービスは、NIO 車の利用者が、EV を所有することで得られる体験を快適にするものだ。サービスはどちらもサブスクリプション・サービスで、3 種類ある。

1つ目のサービス「NIO Service」に登録すると、点検・修理・メンテナンスなどのタイミングで、クルマを修理工場に持ち込む必要がなくなり、スタッフが自宅に取りに来てくれ、修理が終わると家まで戻してくれるサービスだ。点検・修理だけでなく、洗車もやってくれるし、出先でアルコールを飲んだときの運転代行もしてくれる。まさに、カーライフを快適にしてくれる付加価値を提供しているのだ。

2つ目のサービス「NIO Power」は、EVにまつわる不安や煩わしさからユーザーを解放するサービスだ。つまり充電である。これもアプリから予約をすると、スタッフが家まで車を取りに来て、充電をして戻してくれるというサービスだ。また、車に乗って外出している際に充電したいときには、充電スタンドで高速充電が可能だが、一定量までの充電は無料だ。

さらに凄いところは、充電ではなく、バッテリーごと交換できるように設計されていることだ。各地にパワー・スワップ・ステーションというバッテリー交換ステーションを展開していて、わずか1分でバッテリーが交換できるという。こ

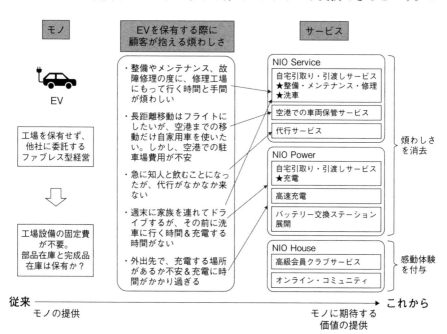

図5-8　NIOは、新しい付加価値の源泉を、顧客体験としている

こまで充実してくると、ガソリン車でなくても、まったく問題ない。

　３つ目のサービス「NIO House」は、所有者のみの高級会員制サービスだ。NIO 社は、中国の各都市に、次々と NIO 車オーナー向けの高級クラブハウスを開設している。そこは、オーナー家族だけが入れる場所で、子ども向けの英会話教室やヨガ教室など、さまざまなイベントが催されているようだ。オーナーだからこそのプレステージ感を感じられるようにすることで、誰もが憧れる高級ブランドにしようとしている。

　NIO 社は、自身を自動車メーカーではなく、高級会員制サービスと位置づけ、車はサブとしてブランディングをしているとされている。つまり、車を所有することで誰もが憧れるような**生活体験を売る会社**と言える。

　車を購入した人には、カーライフを満喫してもらえるように手厚くサポートし、プレスージ感を創出して、誰もが憧れるようにする。そして、憧れた人たちが、車を購入するまでの間も、ブランド価値を体験できるように、スマートフォン向け無料アプリを用意し、オンラインコミュニティを醸成している。累計販売台数７万台に対して、オンラインコミュニティへの登録会員は、なんと 600 万人もいるというから、このブランディングは成功しているようだ。

　このように、消費者向けの製品を提供する製造業は、その製品そのものを顧客に販売していては生き残れない。顧客がその製品を保有または使用することによって付加価値を提供する方向へ発想を転換することで、ビジネスモデルを大きく変えることができ、有利な競争環境を創り出すことができる。

6. 流通の中抜きが進む — 増加する D2C 企業 —

　デジタル化によって、顧客とのコミュニケーションが容易になると同時に、ますます重要になっている。モノ余りの時代に顧客の新たなニーズを誰よりも早く感じ取り、それを満たしていくためには、顧客と直接コミュニケーションをとらなくてはならないからだ。

　メーカーの多くは、これまで製品を利用する最終顧客と直接コミュニケーションをとることが少なかったが、その方法を模索し続けてきた。しかし、代理店販売モデルを止めると売上が激減して、既存のビジネスを毀損してしまいかねな

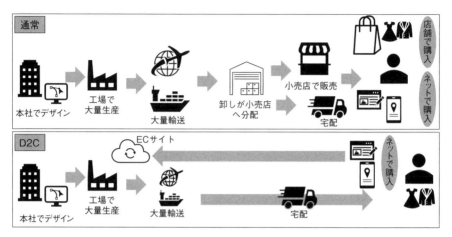

図 5-9　D2C は、単なる中抜きではなく、顧客体験を提供する入り口

い。販売代理店や小売店などの中間流通業者が、自社との取引を止めて、競合他社に乗り換えるリスクを負ってまで、直販することは避けてきた。したがって、顧客との直接コミュニケーションをとるためには、保証書などによるユーザー登録くらいしかできていなかった。

　しかしながら、小売店での製品の売上が不調つづきとなったことからか、中間流通業者を通さずに、自社の EC サイトを通じて製品を顧客に直接販売するD2C（Direct to Consumer）へ移行する企業が増えている。D2C は、従来の通販モデルと大差はないが、メーカーが直接、通販をするということと、可能な限り販売をデジタル化するのが特徴だ。メーカーは、自社製品のブランド認知のためのWeb サイトをつくり、SNS などで消費者との関係を築き、徐々に信頼感を醸成して、自社の EC サイトから購入してもらうのだ。

　D2C で直接消費者とのチャネルを築けたら、そのチャネルを維持するためには、消費者または製品やサービスを購入した顧客との継続的な関係づくりが必須となる。この関係づくりには、前述の NIO 社を参考にするとよい。つまり、製品や製品が創り出す世界観の中での顧客体験価値を高めていくことで、顧客をファン化するのだ。

7. マイクロ・ファクトリーが変えるサプライチェーン

　9頁で、EV 化によって、自動車産業の部品点数が 1/10 になり、3D プリンタによって、さらに 1/10 になる点について示した。一方で、3D プリンタは金型による部品製造と組立てに比べて生産スピードが遅いために、大量生産に適さないとされている。しかし、3D プリンタによる積層製造（additive manufacturing）、つまり 3D 造形が注目されているのは、それだけではない。3D プリンタによる製造方法の有利な点は、中間物流が不要になる点と、カスタムメイドが容易な点だ。第１章で紹介した Local Mortors 社によると、3D プリンタの普及が進むことで、**マイクロ・ファクトリー**（小型工場）という新しい製造業の形が生まれるとしている。

　マイクロ・ファクトリーとは、これまでの大量生産を前提とした大規模な生産設備をもつ工場に相反する概念だ。小規模な生産設備をもつ工場がそれこそコンビニのように、消費地に近いエリアに展開されているのをイメージしてほしい。従来型の大量生産モデルでは、大規模な工場に部品を運び込み、そこで製品を生産し、完成品を大規模な物流センターに移動させる。その後は、各販売店にいくつかの物流拠点（とその倉庫）を経て、小売店に在庫として積まれる。そして、小売店は、顧客がその商品を購入しやすいように店頭に陳列する。

　一方で、3D プリンタによる製造では、小売店にはたくさんの完成品在庫を置く必要がない。なぜなら、小売店は 3D プリンタを設置しているマイクロ・ファクトリーでもあるからだ。マイクロ・ファクトリーは、材料の在庫は揃えておく必要はあるが、顧客からの注文が入ってから製造（プリント）すればよいため、**完成品在庫は物理上（経理上も）存在せず**、顧客がピックアップするまでの間だけ置いておけるスペースがあればよいので、**店舗面積も従来型店舗よりも小さくできる**。このように、**商品の物流はいっさいなくなり**、原材料の物流だけあればよい。同じ材料を使って、さまざまなデザインの商品を製造できるのであれば、**サプライチェーンはまったく異なるものになる**。

　実際のモノの動きが変わったり、なくなったりするだけではなく、**企業の財務構造が大きく変わる**点にも注目したい。製造業にとっても、小売店にとっても、

在庫という流動資産が不要になり、不良資産化するリスクもなくなる。3Dプリンタの設備と、材料の在庫が存在するが、商品の在庫がなくなるだけで、投下する資金を売上に変えるまでの期間を示す投下資本回転率は上がり、投資した資本の回収が大幅に短くなる。したがって、このモデルは、自動車産業だけに当てはまるのではなく、すべての製造業で一考する価値がある。

　例えば、図5-10は、厳密には3Dプリンタではないが、島精機が開発・製造している全自動編み機を使って、マイクロ・ファクトリーモデルのニットウェア専門のアパレルチェーンをつくったと仮定した場合の、従来型大量生産モデルとの違いを表したものだ。

　従来は、本社や本社と契約しているデザイナーがデザインし、工場で機械が編んでいく。完成したニットウェアは、梱包されて倉庫に積まれ、船や航空機、トラックなどで小売店に輸送され、小売店では店舗裏の倉庫から、売れ行きによって一箱ずつ開封され、店頭に品出しされ、来店した顧客が手に取ってレジで会計するまで待つというプロセスを踏む。

　一方のマイクロ・ファクトリーモデルでは、小売店は編み機と幅広い種類の糸を在庫するだけでよいため、在庫を置いておくスペースは大きくなくてよい。

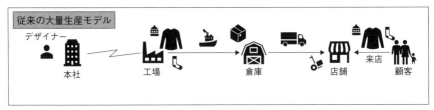

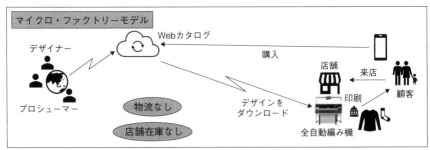

図5-10　マイクロ・ファクトリーモデルでは、物流と在庫がなくなる

顧客は、デザインを選び、自分の体形に合わせたサイズで注文すれば、あとは編みあがるのを待つことになる。この時間が惜しいのであれば、来店する前にスマホで注文して、でき上がる頃に取りに行けばよい。小売店にとってみれば、店舗在庫がないために店舗スペースを節約できるだけでなく、売れ残りがなくなるため、財務構造が従来型に比べて大きく改善する。

さらには、完成品をトラックで納入する必要もない。中国の工場で生産して、海を越えて輸送する必要がなくなるため、物流コストも節約できる。

そして、図を見て気づいた読者もいると思うが、**デザインは世界中の消費者から公募**してもよい。消費者が、それで収入を得ようとする**プロシューマー**として、誰でも Web カタログに登録できるようにしたらどうだろうか？　世界中の少数民族が伝統的な文様を活かしたデザインを提案したり、Z 世代の若者たちが自らデザインしてインスタグラムなどの SNS にアップしたりしたら、新しいブランド・アパレルチェーンが誕生するだろう。そのとき、既存のアパレルチェーンはどうなるだろうか？

自分でデザインした服を製品化することができるだけでなく、個々の顧客の好みに合わせて一部のデザインをアレンジしたり、顧客の体形や用途に合わせて編んでもらったりすることも可能になる。**マス・カスタマイゼーション**だ。

じつは、ユニクロは、すでにこれに近い構想をもっており、島精機と合弁会社を設立している。今後の展開が楽しみだ。

上の例は、編み機だったが、3D プリンタでもまったく同じモデルが生まれるだろう。在庫がなくなることにより、財務構造がスリムになり、ベースとなるデザインのデータは世界中から集めることができ、顧客にとってオリジナルな商品も同じコストで製造できる。製造業・物流業は大きく変わることになる。

ところで、物流については、マイクロ・ファクトリーモデルが普及することによって、業界全体の市場へのマイナス効果はわずかかもしれない。やはり自動運転と倉庫内外での出し入れ、ピッキング・パッキングなどの業務の自動化、宅配の自動化など、別のテクノロジーの進化が全体に影響してくるだろう。

8. 大量生産モデルは、新興国に移動する

　第1章1節で紹介したように、世界のトレンドは自然エネルギーの採用にシフトしている。中でも、太陽光発電のコストは、図1-2で示したように、もっとも低くなっているし、これからも下がり続けるだろう。そして、太陽光の発電コストがもっとも低くなるのは、太陽がサンサンと照りつけている国々だ。図1-1の国々でもっとも発電コストが低かったのはインドの太陽光だったが、インドよりも日照量の高いところは、図5-11を見れば一目瞭然だ。インドの西隣のパキスタンから産油国であるイラン・イラク、アラビア半島、そして北アフリカなどの一帯は日射量がインドよりも多い。産油国を除くと、これらの地域に共通しているのは、貧困国であることだ。しかし、これからの時代は、これらの国がエネルギーリッチ国となる。

　一方で、電気エネルギーは、石炭や天然ガス、原油等の化石燃料に比べて、移動により多くのコストがかかるのが欠点だ。送電線網は、設置にも保全にも大量の資本が必要な上に、距離に応じて電力量が減衰してしまう。つまり、送電線で国や大陸をまたぐような長距離の電送は不可能なのだ。

　ではバッテリーは？　というと、これからもコストが下がっていくとはいえ、

色が濃い所ほど日照量が多い

図5-11　地球上の日射量マップ
（出典）　Global Solar Atlas（世界銀行グループ）

まだまだ高価で、運搬するのにエネルギーを消費する。そうなると、電気エネルギーは、発電するエリアで消費するのがもっとも安価だということになる。

　そのように考えると、**エネルギー価格が無料に近づいている国に工場をつくるのがもっとも安上がりなのではないか？** という考えにいたる。さらには、貧困国なので**労働力も安い**。これまでグローバル経済の発展から取り残されてきた、これらの国々が、ついに最後の世界の工場になる可能性が出てくる。大量生産が必要な製品は、第2章4節で考察した通り、コモディティである。高機能で高額なものは、先進国でつくっても利益を出せるかもしれないが、コモディティは安ければ安いほどいいので、**エネルギーコストも人件費も低いところでつくるのがもっとも理にかなっている**。そして、コモディティだけでなく、比較的高機能でも大量に必要とされる半導体や太陽光パネルや樹脂・フィルム、バッテリーなども、こういった地域で生産されるようになるだろう。暑さが問題になる製品であれば、地下に工場がつくられるかもしれない。

9. 自動操業にシフトせよ

　製造業に限らず、すべての事業は、可能な限りすべて自動化すべきだ。それも、ソフトウェア化するのがもっとも良い。

　なぜなら、**デジタル化することで、次の9つの効果が生まれる**からだ。なお、以下の効果を理解するために、デジタル化された通販の受注業務（つまりECショップで、顧客に商品を選んでもらって、買い物かごに入れたものの支払をするまで）を想像しながら読んでみてほしい。

① オペレーション自動化

　そもそも自動化するためにデジタル化するのだから、デジタル化の効果が自動化というのは、あたりまえだ。自動化するメリットは、人を減らすことができるために、人件費という固定費が減り、受注ミスも減る。

　また、自動化できるということは、その前に業務フローを標準化することになり、同じオペレーションを並行して稼働した場合にも、まったく同じになる。例えば、楽天やAmazonの加盟店は、すべて同じ受注オペレーションに

従っている。これが標準化されていないと（あるいは標準化されていても人間が担うことによって）、担当者によって作業手順や品質がばらつくという結果になる。

② コピーし放題

デジタル化されたものは、簡単に複製できる。これは、オペレーション自動化によって、同じオペレーションを並行して稼働できる以上に大きい効果がある。コピーにはコストがかからず、時間もかからず、質量もないため、無限に複製できるからだ。

例えば、日本でアパレルを販売する事業をしていたとして、もう一つ別のブランドの事業を立ち上げようとする場合、同じオペレーションだとしても、実店舗を立ち上げるのに比べて、ECショップを立ち上げるほうが断然速い。商品データや店構えとなるデザインは、新たにつくらなくてはならないが、その他の部分は一瞬で複製が完了する。

③ 距離の制限がなくなる

デジタル化された業務は、世界のどこで行われてもいいし、その業務を遂行するために人が移動する必要もない。また、明日から、オーストラリアでショップをオープンしようと突然決めたとしても、すぐに事業が開始できる。距離の制限を考えなくてもよくなるのだ。

④ 時間の制限がなくなる

デジタル化された業務は、距離と同じく、時間の制約もない。24時間365日店を開けて注文を受け付けられるし、長時間労働や深夜勤務もまったく問題ない。さらには、事業を開始したいと思えば、一瞬で開始できるし、止めるときも一瞬だ。

⑤ 質量がなくなる

実店舗は、移動しようとすると、とても大変になる。例えば、店舗を道路の向かいに移転させることをイメージしてほしい。しかし、デジタル化され

た店舗（EC ショップ）は、消費者のパソコンやスマートフォン上の Web ブラウザに簡単に移動して持ち歩くことができる。EC ショップはサーバにあって、消費者がそこに見に行っているように見えているが、実際は各端末にある Web ブラウザが、EC ショップのページを構成している HTML コードや画像ファイルをサーバからダウンロードして表示しているのだ。

⑥　誰もが持てるようになる

これは、誰もがスマートフォンにデジタル店舗をダウンロード（つまり、EC ショップにアクセス）できるという意味でもあるし、誰でも EC ショップを開設できるという意味でもある。売る商品さえ見つかれば、誰でも販売を開始できる。いまや、スマートフォンは誰でも持っているし、持っていなくても、手に入れようと思えば手に入る世の中だ。そして、スマートフォン 1 台あれば、EC ショップをオープンできる。

⑦　無料に近づく

デジタル化すると、あらゆるものが無料に近づく。実際、BASE や STORES というサービスは、無料で EC ショップを開設できるサービスだ。実店舗だと、店舗物件の保証金の支払から始めなくてはいけない。

⑧　大量データを高速処理

以前は、TV で CM をすると Web サイトにアクセスが集中してサーバが落ちたという話がよくあったが、いまは AWS（Amazon Web Service）や Microsoft 社の Azure、GCP（Google Cloud Platform）などのクラウド上で EC ショップの基盤を提供するサービス（SaaS：Software as a Service）を使って、EC ショップを開設することで、どんなに大量のアクセスが集中しても、落ちることはない。AWS は、Amazon のインフラを外部に開放したものなので、Amazon でショップを運営するなら、なおさらだ。デジタル化された店舗は、膨大な人数のお客様が押し寄せても対応できるし、注文を覚えることもできる。商品もデジタルならば、何の問題もない。

⑨　すべての経験を集約して高速学習できる

　これは、AIのことを言っているため、ECショップを例にして考えると、かなり限定された効果しか想像できないかもしれない。Tesla社の自動運転車は、すでに販売されて街中で走っているすべての車両の走行データをクラウドに吸い上げて、AIがあらゆる状況での運転操作の仕方を学習しているということを前述した。そうして膨大な経験を積んだAIエンジンは、すでに販売されているすべての車両にフィードバックされることによって、それらの車両は自動運転の精度がますます上がる。これができるのは、デジタルだからと言える。

●事業のすべてがソフトウェア化することで可能になること

①　オペレーション自動化（無人化）
②　コピーし放題
③　地理的制限がなくなる
④　時間的制限がなくなる
⑤　質量がなくなり、どこにでも持ち歩けるようになる
⑥　80億人全員が利用することができる
⑦　無料に近い費用で提供できる
⑧　膨大な量の取引を処理し、膨大な情報を記憶できる
⑨　すべての経験をAIが学習し、その頭脳を拡散できる

　以上のように、業務をデジタル化することによって、まったく異なるビジネス展開が可能になる。上記の9例は、ECショップの受注・決済までで、その先の在庫引き当て、梱包、出荷の作業は触れていないが、それすらもAmazonのフルフィルメントサービスを利用すれば、自分の手を離れて自動化することができる。そして、これは小売業だけの話ではない。もちろん、すべてをデジタル化できないビジネスもあるだろうが、もしデジタル化できたとしたら、同じ効果を享受できるはずだ。そうであれば、なるべく多くの部分をデジタル化し、自動操業することを検討すべきだろう。

10. 装置産業・インフラ産業の固定費を軽減するには SPV を活用する

　本章では、幾度となく、固定資産や固定費を軽くする財務構造が有利だと説明してきたが、多くの設備をもつ工場や、建設機械を利用する建設会社、不動産などを保有してテナントから賃料を得るビジネスなど、リアル資産をもつことで事業を展開している企業にとっては、同じことは当てはまるだろうか？

　これについては、YES であり、NO でもある。リース会社や投資運用会社、不動産を保有してテナント料を得る会社は、固定資産を保有して、その資産から最大限の収益を得るビジネスだ。そういった場合、業務プロセスをすべてデジタル化したとしても、リアル資産そのものを固定資産から外すことはあまり意味がない。むしろ、低金利で借入をして、レバレッジを上げることで、投下資本から得られる収益を最大化することができる。ただし、それでもデジタル化によって、人件費という固定費をゼロにすることはできる。

　しかし、一方で、マイクロ・ファクトリーがスペースを借りて、3D プリンタ

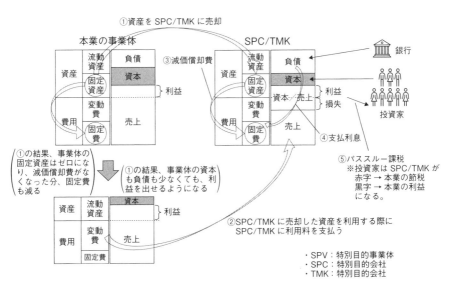

図 5-12　SPV（特別目的事業体）のしくみ

で製品を製造する場合はどうだろうか？　店舗スペースを借りずに（つまり、家賃を払わないことで）固定費を削る方法はないかもしれないが、3Dプリンタのような設備を固定費から外すことは可能だ。

例えば、SPV（Special Purpose Vehicle：特別目的事業体）を使った投資スキームを利用する方法がある。具体的には、投資家に3Dプリンタに出資してもらい、それを使わせてもらう代わりに、投資家に使用料を支払うということだ。投資家の視点では、ワンルームマンション投資と同じスキームとも言える。投資家はワンルームマンションを購入し、それを賃貸に出すことで、毎月家賃収入を得られる。もちろん、家賃のように定額の契約であれば、借りる側の店舗にとっては、固定費になってしまうが、3Dプリンタのような設備については、売上に応じたリターンを支払うという契約にできれば、売上原価に変えることができる。

航空機のオペレーション・リースは、さらにこのスキームに銀行からのローン借入が組み合わされる。頭金はSPC（Special Purpose Company：特別目的会社）を使って投資家から集め、複数の銀行がタッグ（シンジケートという）を組んで残りの金額を融資するというスキームだ。

この場合、資産は投資家の所有となるため、投資家はSPVに投資した金額の比率によって、航空機の購入代金を減価償却することができる。これを利用すると、投資家には大きな節税ができるというメリットがある。3Dプリンタやその他の工場の工作機械や建機など、すべてについて同じように節税メリットがあるかというと、そうではないかもしれない。これは、対象物の価格、法定償却期間、SPVに対する銀行融資の有無と借入比率の組み合わせによって、節税が成り立つかどうかが分かれる。自社のビジネスにおける装置・設備やインフラについて、こういったスキームが成り立つかどうか検討してみてはいかがだろうか？

11. 産業の垣根を越えて、境目を消してしまうメカニズム

デジタル・ネイティブ企業が既存の企業をディスラプトしている別の現象として、簡単に産業の垣根を越えてしまうというものがある。これについては、先に述べたD2Cの動きも、マイクロ・ファクトリーによる中間物流をなくす動きも、

これまで分業・棲み分けされていたサプライチェーンの中にあった境界が破壊されていく例ではあった。ところで、これ以外にもいくつか現象を見ることができる。

　一つは、ウォレットの活用だ。ケニアの通信会社である M-Pesa が、FinTech 事業で世界的に有名になったのは、携帯電話の通話料が電子マネーになったからだ。携帯電話会社の料金は、日本では口座引き落としやカード払いが中心だが、世界のほとんどの国では、街のタバコ屋のような小さな売店で、お金を支払って、カードを購入し、そのカードを擦って、番号を表示させて、携帯電話の SMS でその番号を入れると、カードの券面に書かれた携帯電話の度数がチャージされる。

　じつは、20～30年前までの日本にもこういった仕組みはあった。公衆電話をかけるときに小銭の代わりに使ったテレフォンカードがそれだ。当時のテレフォンカードは磁気カードになっていて、公衆電話にその磁気カードを読み取る機能があったが、海外の携帯電話の度数は、ネットにアクセスしてカード固有の番号を入れることで、度数をチャージするしくみになっている。つまり、プリペイド機能だ。

　プリペイドの残高が、スマートフォンでアクセスできるようになると、それはすなわちウォレットと同じだ。携帯電話の通話料や通信量をプリペイドの度数で支払えるようにするのと同じように、保有している度数の一部を他人に送ったり、別の商品の購入に使ったり（商品と度数を物々交換するということでもある）することができれば、それは FinTech の世界で言うウォレットや銀行口座と同等だ。

　この M-Pesa と同じような考えとしくみは、いまではほとんどの国の通信会社が導入している。そして、これは通信会社に留まらない。東南アジア一帯で普及している配車アプリの Grab は、いまでは飲食の出前や宅配などにも進出しているが、この Grab もウォレット機能をもっている。配車アプリでタクシーを呼ぶときには、通常はクレジットカードで乗る前に決済する。ところが、東南アジアではクレジットカードを保有できない人も多い。そういった利用客を受け入れるために、SIM カードにトップアップされる通話料・通信費の度数と同じように、街中の小さな売店で現金と引き換えにウォレットにお金をチャージできるように

なっている。そのように事前にチャージしておくことで、クレジットカードがなくても、タクシーへの前払いができるのだ。そして、多くのプリペイドカードがそうであるように、前もってチャージした場合には、数％のプレミアムがつくようになっている。例えば、1万円でプリペイドカードを購入すると、そのカードの額面は1万500円になっているといったものだ。

　あらかじめお金をチャージしておくと、おトクなので、人々は余分にチャージしておくようになる。次に、Grabは、そのチャージされた残高（SIMの通信料の支払に使える度数と置き換えてもよい）を使って、別の商品やサービスを購入できるようにする。次第に利用者が増え、支払手段として取り扱っている店舗が増えてくると、立派なウォレットの出来上がりだ。

　このように、プリペイドカードがスマートフォンに合わされればFinTechになる理由は、電話料金の度数は、もともと1分10円というお金に換算できたからだ。つまり、本質的には同じなのだ。

　このように**本質的に同じものだが、これまでの社会では別物として扱われてきたものは、デジタル化によって、同じとみなされるようになる**可能性が極めて高い。例えば、賃貸アパートとホテルの違いは、基本的には契約期間だけだ。ホテルやゲストハウスのような宿泊施設であっても、1か月単位で宿泊すれば、割り引かれることもある。要するに、1か月単位の長期契約だと、ディスカウントしても利益を出せるが、1泊〜1か月未満の短期利用であれば、宿泊客が泊まらない空室リスクを避けるために、1泊当たりの費用を高く設定せざるを得ないのだ。

　しかし、いまでは、この境目をなくすサービスが台頭している。

　Airbnb社は、賃貸物件の部屋代を部屋ごと・日にちごとに小分けにして再販することで、宿泊業をディスラプトしている。日本初のHafHやADDressといった、定額泊まり放題サービスは、宿泊業と賃貸業との境目をつなげたビジネスだ。

　こうした、本質的に同じもののデジタル化が進むことで、一体化が容易になり、それを新たなサービスとして参入した企業が、それまで分かれていた産業でそれぞれ生きのびていた企業の市場を消し去ってしまう現象が起こっているのだ。

第 2 部

情報システム
の課題
×
解決法

Chapter 6　企業における情報システムの変遷

　経産省が発表したDXレポートとその後の中間発表でもっとも強調されていることは、企業の情報システムに対して早急に手を打たないといけないということである。第5章でみてきたように、企業のこれまでの変革はコンピュータ導入の歴史と一致する。

　これらはあくまでも人がやっていた業務の効率化・高速化でしかなく、これからの時代はまったく異なる形への変身が求められていると書いた。

　しかしながら、異なる形への変身を起こすにしても、これまでの業務や資産を無視して進めることも難しい。そして、もっとも足枷になっているのが、これまで企業の変革を支えてきたはずの情報システムだ。

　本章では、企業がこれまで導入してきた情報システムがどのようなものなのかを中心に説明する。続く第7章で説明するレガシーシステムが弊害となっている根本について理解いただけるはずだ。

1.　メインフレームシステムの特長

　第5章で説明したように、メインフレームは1990年代半ばにクライアント・サーバ型システムにダウンサイジングされている。しかしながら、特に重厚長大産業においては、未だに現役で稼働している。銀行のシステムですら、1990年代後半から始まった合併に伴うシステム統合（それに伴うメインフレームからの脱却）が、つい最近になってようやく終了したばかりなのだから、無理もないのかもしれない。

　しかし、鉄鋼や火力・原子力発電など、半世紀近く稼働することが前提でつくられた古い設備を利用する業務では、システムを刷新する必要性が薄かったという事情もあるだろう。しかし、これ以上メインフレームを使い続けることの弊害は、いくつかある。

　1つ目の弊害は、**ハードウェアの保守コストが高いことだ。** 半導体技術は急速

に進化を遂げてきた。米 Intel 社の創業者の一人、ゴードン・ムーア博士が 1965年に発表した、半導体の集積率が 18 か月で 2 倍になるというムーアの法則に従い、次々に小型化と高性能化を繰り返してきたのだ。コンピュータに限らず、半導体を用いるすべての電気製品は、この法則に則っている。

その結果は、時間が経過するほど安価になるということだ。常に新製品が発表され、あるいは新しい半導体装置を使った新たな設計思想で商品を開発し世に出した企業が、古い企業を駆逐してきた。次々と高性能かつ安価になるコンピュータが世に出るなか、古いコンピュータを維持するための部品は、当時の設計思想に基づく当時の（いまとなっては非効率な）生産設備で細々とつくられる。大量生産でないため、当然高くもなるのだ。

2 つ目の弊害は、**変更に手間がかかるということ**だ。手間がかかるということは、時間も人手もかかるため、当然コストも余計にかかる。メインフレームというハードウェア上で動くソフトウェアは、多くは COBOL というプログラム言語で書かれているが、言語自体よりもソフトウェアの構造が問題だ。当時のシステム（ソフトウェア）は、**モノリスティック（一体型）構造で設計**されていた。

つまり、一つの大きなソフトウェアで、すべての機能を実現してきた。したがって、一部を変更するためには、その変更が意図せず別の機能に影響を与えていないかどうかをテストするために、全機能のテストをしなくてはならない。そして、ミスがないように、踏まなくてはいけない手順がものすごく多い。

3 つ目の弊害は、**プログラム言語を理解する人が減ってきている**ことだ。コンピュータが新しいタイプに代わるにつれ、プログラム言語も変わってきた。メインフレームからクライアント・サーバ型に代わるタイミングで、プログラム言語も COBOL から C 言語や JAVA に代わってしまった。すると、新たにプログラム言語を学ぼうとする若者たちは、古い言語を学ぼうとはしない。若い頃は、誰もが、時代の最先端で仕事をしたいと思うし、将来性の明るいスキルを身につけたいと思うからだ。

そうなると、古いプログラム言語を扱えるのは、それまでその言語で開発した経験があり、使い続けてきた人たちだ。メインフレームがレガシーという烙印を押された 1990 年代半ばから、すでに四半世紀も経過している。当時 20 代の若者は、いまやその多くは、もはや現役のプログラマから足を洗い、設計者や

マネジャーなどの管理者、あるいは経営層に出世してしまっている。いまさらCOBOLのプログラムを解析して修正することはしない。COBOLならまだましだ。重厚長大産業でいまも現役のシステムの中には、アセンブリ言語という、機械語（16進数の文字の羅列）と一対一に対応する命令語を使ったプログラム言語で書かれているものが残っているのだ。このアセンブリ言語を扱う人材は、ほとんど残っていない。

この人材不足の深刻さは、日本だけではない。新型コロナを原因として数千万人におよぶ大量失業者が発生した米国では、2020年4月にCOBOLプログラマを高給で大量に募集していた。その理由は、失業手当の申請受付・給付システムがCOBOLでつくられていたため、システムの性能が追いつかず、改修が必要になったからだ。しかし、日本以上に米国ではCOBOLエンジニアが残っていなかった。その結果、いつまで経っても処理されない失業手当申請者の長蛇の列という形で現れた。

2. クライアント・サーバ型システムの特長

クライアント・サーバ型システムは、67頁で述べたとおり、メインフレームからダウンサイジングする目的で、UNIXやWindows上で動作するシステムとして1990年代後半に開発されてきた。メインフレームシステムでは、処理はすべて1台の汎用機上で行われ、そこに複数のキーボードとモニタで構成されるターミナル端末が接続されている。一見パソコンのように見えるが、モニタとキーボードだけで、そこにはCPUもハードディスクもメモリもない。よって、ダム端（英語のDumb（頭の悪い）Terminalの訳）と言われている。システムのすべての処理は汎用機上で集中して動作するため、汎用機のことをホストコンピュータと呼ぶことも多い。

一方で、クライアント・サーバ型システムの場合、端末であるパソコン（クライアントとも呼ばれる）も、サーバも、それぞれCPUとメモリ、ハードディスクをもつコンピュータであるため、通常は処理をそれぞれのコンピュータで分散して受けもつ（図6-1）。

サーバはフロントサーバとバックエンドサーバのように2段階を採用している

汎用機システム

大型汎用コンピュータ
（ホストコンピュータ）　　　　　　　　　ターミナル端末

処理

中央で集中処理

クライアント・サーバ型システム

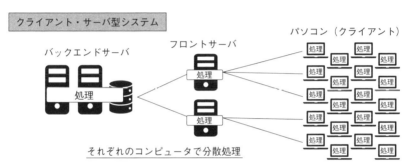

パソコン（クライアント）

バックエンドサーバ　　　フロントサーバ

処理

処理

処理

それぞれのコンピュータで分散処理

図 6-1　クライアント・サーバ型システムと汎用機システムの違い

システムもあれば、1段階の場合もある。前者の場合は、フロントサーバで業務
ロジックの処理を担当し、バックエンドサーバをデータベースサーバとするケー
スが多い。後者の場合は、業務ロジックの処理とデータベースを一つのサーバに
任せる。

　一方で、クライアント機では、GUIが採用され、キーボードに加えてマウスを
使って視覚的に直観で操作できるようになり、非常にわかりやすくなった。その
ことをWYSIWYG（What You See Is What You Get（見たままの結果が得られ
る））と呼んだ。汎用機システムでは、CUI（Character User Interface）という
文字だけが羅列した画面であったため、初心者にはとっつきにくかった。ただ、
慣れている人には、キーボードから両手を離さずに操作できたため、GUIになっ
てかえって処理が遅くなるというクレームもあった。

汎用機システムとの違いでもう一つ特徴的なのは、堅牢性、すなわち落ちにくさである。汎用機は、止まらないことが前提でつくられていたが、UNIX サーバやパソコンは突然フリーズしたり、暴走してコントロールできなくなったりすることが多かった。その理由は、プログラム言語がメモリを処理できる自由度が高かったことと、初期の頃はプログラマが我流でプログラムを組んでいたために、メモリが処理の途中でオーバーフローしてしまうなどのバグが多かったためだ。それゆえに安かったとも言える。

　したがって、**クライアント・サーバ型システムでは、サーバやパソコンが落ちたとしても、システム全体としては止まらないように設計された**システムが優れたシステムとされていた。

　クライアント・サーバ型システムでは、コストを下げるダウンサイジングが主な目的で採用されたため、プログラム言語は C や C++、Visual Basic、Java になったものの、**ソフトウェアの開発手法やモノリスティックな構造は汎用機システムと変わらなかった**。したがって、システムの開発期間や仕様の追加・変更があった際に、すべてをテストしなおす必要性は変わらなかった。

3. ERP

　ソフトウェアには、それぞれの企業のニーズに合わせてオリジナルに開発されたカスタムメイドと、複数企業の共通のニーズを考えて開発されたパッケージと2種類ある。当初はカスタムメイドで開発されてきたが、開発ベンダーが自社の生産性を向上させるため、そして顧客企業も価格を下げるためにパッケージソフトが増えてきた。

　そして、69 頁で述べたように、ERP は企業のビジネスプロセスを再構築する BPR を行うためのパッケージソフトとして、世界中で導入されてきた。当初の ERP では、クライアントソフトウェアはブラウザではなく、専用のアプリケーションを立ち上げる形だったが、次節で触れる Web システムへ、のちに改修された。

　そして、前述した通り、多くの日本企業では現場の声を聞いて**カスタマイズしてしまったために、低価格でのバージョンアップができず、国際競争力を失い続**

けることになっており、いまだにその悪循環から抜け出せずにいる。

そして、カスタマイズをしてしまったために、**既存機能のバージョンアップや新たな機能の追加や接続をするためには**、ERP 独自の構造やプログラム言語に対する知識のある人材が必要になってしまっている。例えば、ERP でもっとも普及している SAP の場合には、ABAP という SAP システムの開発のみで使われる独自プログラム言語を扱えるエンジニアを必要とする。

しかし、需要に対してこの**エンジニアが圧倒的に不足**しているため、SAP を導入している日本企業が SAP のサポート切れに対応して、バージョンアップ対応が思うように進んでいない事態を招いている。

4. Web システム

Web サーバや Web ブラウザは、1990 年代前半にマーク・アンドリーセン氏が開発した Mosaic（のちのネットスケープ）という Web ブラウザが開発されてから、その使いやすさもあって急速に普及した。この Mosaic がなければ、インターネットはここまで発展していなかっただろう。

しかし、業務アプリケーションが Web ブラウザ上で動作するようになったのは、2000 年以降である。1990 年代後半にはクライアント・アプリケーションを Web ブラウザ上で Java アプレットという小型のアプリケーションを動作することで実現され始めた。その後にブラウザ上から呼び出せる PHP や Perl といった言語が用いられたり、ブラウザ上で動作する Java Script という簡易プログラム言語と、そこでの非同期通信を可能にした Ajax というプログラミング手法が開発されてから、Web ブラウザをクライアントとしたシステムが主流となっていった。

なお、2000 年代から **UNIX サーバは徐々に廃れ、より安価なパソコンや PC サーバ**（正確には Intel や AMD の CPU を使ったコンピュータ）**に、Windows もしくは Linux という OS を搭載した機種が主流**となった。特に、Web システムでは、Linux OS 上に Apache サーバを動作させ、データベースに MySQL を用い、プログラム言語は PHP という**オープンソース**の組み合わせが主流となり、LAMP という通称で呼ばれている。

Web システムの利点は、**従来のクライアント・アプリケーションよりも、ア**

プリケーションの開発・変更が容易で、低コスト・短期間で開発できること、さらにはアプリケーションの配布が容易なため、保守・運用が楽なところである。

　特に後者については、従来はアプリケーションを変更した際、各クライアント上の旧アプリケーションに反映させるために非常に苦労したが、Web システムでは、ブラウザをリロード（再読み込み）するだけで、新しいアプリケーションへの変更が各パソコンに反映されるようになった。

5. スマホアプリとクラウド化

　新しく開発されるシステムにおいて、クライアント側で動作するアプリケーションは、Web サーバに集約されてきたが、2000 年代後半に Apple が iPhone をリリースし、スマートフォンが普及し始めると、**スマートフォンをクライアント機としたアプリケーション**が急速に増えてきた。当初は iPhone 向けアプリと Android アプリは別々に開発しなくてはならなかったが、Facebook が開発した React という JavaScript ライブラリとそれを利用して開発する React Native というフレームワークを利用して開発することで、双方の OS に対応したアプリを開発できるようになった。

　最近では、**サーバがクラウド上で動作**するようになったことにより、サーバ台数が動的に割り当てられるようになった。それにより、サーバ側のアプリケーション開発言語にも変化がみられるようになった。従来はサーバ側のアプリケーション開発には Apache という Web サーバ（HTTP サーバ）上で、PHP や Java が使われてきた。しかし、PHP も Java も接続ごとに新しいスレッドが割り当てられ、メモリサイズによって最大ユーザー数を超えない接続しか扱えなくなるという制約がある。そして、クライアント側は Web ブラウザ上で動作する JavaScript でプログラミングされている一方で、サーバ側では PHP や Java といった異なるプログラム言語を書ける人材が必要となっていた。

　そこで、最近はサーバ側でも JavaScript でプログラミングできる Node.js というプラットフォームが使われるようになった。Node.js であれば、クライアント側のアプリ開発者とリソースを共有できることに加えて、最大接続ユーザー数の制限がないため、LINE や Twitter などの SNS のようなリアルタイム性の高い

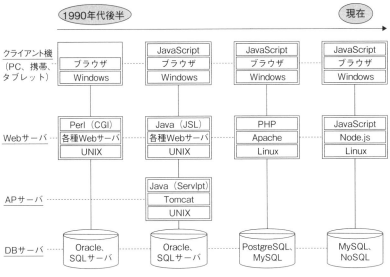

図6-2　一般的な Web システム構成の変遷

処理が可能になる。LAMP（Linux-Apache-MySQL-PHP の組み合わせを代表とした従来の Web システム）環境では、チャットアプリケーションのような Web ブラウザと Web サーバが常時接続をしたり、データを保存し続けて Web ブラウザ側に表示し続けたりすることは容易ではなかった。

　さらには、最近のシステムの構造も変わってきた。従来のように、すべての機能を一つのアプリケーションとしてつくるというモノリスティックな構造では、システムの追加や変更が頻発する変化の激しいビジネスに合わせることができないため、**マイクロサービスという概念で開発**されるようになってきた。

　マイクロサービスとは、名前から受ける印象とは少し違うが、業務の最小単位ごとに開発されるアプリケーションをイメージしてほしい。従来のモノリスティックなシステムでは、複数の業務を一つのアプリケーションとして開発し、データベースも共用していた。一方で、マイクロサービスでは、一つの業務には一つのアプリケーションで、データベースもそれぞれのアプリケーションでもつイメージである。同じデータをアプリケーションごとに分散させるために、一時的にデータの不整合が発生するが、アプリケーション間の API 通信でお互いの不整合を解消しにいく。

マイクロサービスの利点は、**外部システムにどんな仕様変更があろうと、その**
マイクロサービスには影響しないことである。逆にそのマイクロサービスに変更
が入ったとしても、そのマイクロサービスと通信をする他のアプリケーションに
は影響しないため、**仕様変更後のテストは、そのマイクロサービスだけでよく、**
時間がかからないということにある。

マイクロサービス間の連携は、必ずお互いに API を通してのみ行う。API に
は、主に JSON という JavaScript 形式の API が利用され、HTTP 形式で呼び出
されることから Webhook とも呼ばれている。

最近、よく利用されている、Slack や Paypal、Stripe などは、こうしたマイク
ロサービスとして開発されており、**Webhook で他のツールと連携できるように**
つくられている。例えば Ui-Path、Salesforce.com や SAP Hana、Kintone など
のパッケージシステムはマイクロサービスではないものの、Webhook の API を
備えているために、他のツールやアプリケーションとの連携が容易にできるよう
になっている。

一方で、従来のメインフレーム、クライアント・サーバ型システム、カスタマ
イズを入れた ERP、Web システムでは、他のツールやアプリケーションと連携
しようものなら、処理を変更したのちに、ほとんどの機能をテストし直さなくて
はならなくなり、半年～数年も掛かってしまっている。これでは、**急速にビジネ**
ス環境が変化しているいまの世の中にキャッチアップできるわけがない。

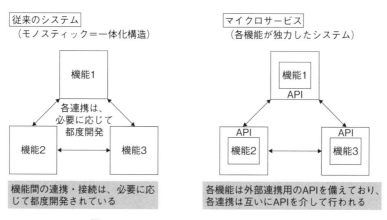

図6-3　モノリスティックとマイクロサービス

Chapter 7 レガシーシステムの弊害

前章では、現在にいたるまでの企業における情報システムの変遷について述べてきた。経産省のDXレポートで問題扱いされているレガシーシステムとは、前章の3節、あるいは4節の一部まで当てはまるといえる。レガシーシステムは、古臭いシステムと置き換えてもいいが、あくまでも現在との比較なので、いまの最新のシステムですら、10年後にはレガシーとみなされるようになるだろう。本章では、目安として2010年以前に設計された基本構造をもつシステムのことをレガシーシステムと呼ぶことにする。

レガシーシステムがなぜ問題なのかは、本章の4節で述べるが、それを理解するためには、レガシーシステムを問題視する背景についての理解が必要だと思う。そこで、1節から3節では、ビジネス課題からみてシステムに求められる要件がどのように変化したのかについて述べていく。

1. 顧客体験（UX・CX）とデザイン思考が、システムの変化を求める

第4章でモノ余りの時代になり、モノが売れなくなっているということを述べた。世の中には似たような商品やサービスで溢れており、顧客に受け入れられ、顧客をつなぎ止め続けるのは非常に困難になってきた。

しかしながら、世の中の人々が生活すべてに満足しきっているわけではない。人々は、それぞれがさまざまな不満や課題を抱えている。モノやサービスが溢れていても、彼らの不満や課題を解決できていないのだ。そういった不満・課題を解決してあげられる商品やサービスであれば、多くの顧客をとらえ、つなぎ止めることができるに違いない。

不満・課題を解決するために、顧客が体験する内容や、それによって顧客がもつ感情を分析し、顧客が自社の商品やサービスを通して良い感情を抱く体験が

できるように、**顧客体験**（UX：User Experience、**CX**：Customer Experience）を設計し、そういった体験を提供できるような商品・サービスを開発するといったことが、多くの企業で注目を浴びている。それが**デザイン思考**というアプローチだ。

デザイン思考では、結果的にまったく異なる業種・業態での商品・サービス提供が求められることもあり、既存の商品・サービスの枠では収まりきらない商品・サービスの提供に行きつく可能性も少なくない。そのとき、そういった新しい商品・サービスが顧客に受け入れられるために、IT をはじめとした最新技術が必要になるシーンはたくさんある。そして、その度に新しいシステムを開発し、あるいは既存システムを改修していかなくてはならない。

デザイン思考の結果、まったく異なるサービス提供が求められた例を一つ挙げよう。米国・ダラスにある小児医療センターが、地域医療の抱える問題に取り組んだ例では、医師が医療センターの中だけで解決策を見つけようとしていたが、それに限界を感じたメンバーが、医療センターを越えて、地域の病院、医師、看護師、ソーシャルワーカー、患者の両親、ダラスの学校、政府の住宅関連機関、YMCA、教会といった、子どもと接する環境をつくり出したりしている関係者を集めて、解決策を検討した結果、次のような成果を出した。

・住宅当局は、住宅ルールを変更し、査察官に子どもの健康問題に直結する項目（カビの存在など）を査定に組み込むことになった。
・地元の小児科医は、喘息の子どもの両親が家庭訪問を通じて、他の家庭へのカウンセラーとして役割を果たすようなプログラムに変更した。

このように、顧客にとってベストな解決策は、自社の商品・サービスの外の商品やサービス・活動などとセットにしたエコシステムをつくる必要が出てくる可能性がある。その際に、病院のシステムは、システム内の機能変更に加えて、外部との連携をサポートするシステム間連携の必要が出てくるのだ。

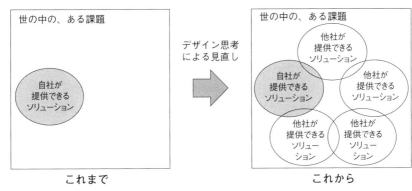

図 7-1　デザイン思考が、ビジネス課題解決へのエコシステムを拡げる

2.　求められる事業展開のスピード化とアジャイル開発

　すでに気づいているとは思うが、事業環境は、年々スピードを上げて変化している。恐ろしいことに、われわれの感覚は、世の中の変化は直線的に進むと思いがちである。しかし、実際には指数曲線的に進んでいる。ちょっと振り返ってみれば、20 年前、30 年前の仕事環境は、いまからでは信じられないくらい原始的だったことに気づくはずだ。そして、それからの進化は、決して直線的ではなかったことも感じられるだろう。

　そして、この変化のスピードはますます加速していく。その理由の一つは、さまざまなテクノロジーが進化していることだ。AI、IoT、VR/AR/XR、ブロックチェーン、ロボット工学、ロケットや人工衛星、ハイパースペクトルカメラ、ドローン、自動運転、太陽光発電、3D プリンタ、CRISPR、幹細胞、量子コンピュータ、核融合、ブレイン・マシン・インタフェースなどのテクノロジーが、年々進化し、実用化が近づいている。

　そして、何よりも、これらの複数のテクノロジーを組み合わせることで、世の中の変化のスピードはさらに速くなる。

　エネルギーコストは無料に近づき、食糧は広大な農地がなくても生産可能になり、人もモノも移動の必要性が減り、あるいは移動コストも無料に近づく。身体の不調はすぐに改善され、個々人に合わせた栄養が提供されることで健康寿命が

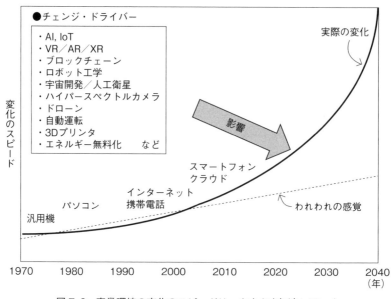

図7-2　事業環境の変化のスピードは、ますます加速していく

延びる。そういった世の中に向けた変化が加速している。

　このような環境では、どのような事業であっても、**事業が前提としているビジネス環境は、生物のようにダイナミックに変わっていく。厳しい環境の変化に合わせなくては、事業収益は得られない。**つまり、**企業が生き残るためには、生物**が自然環境の中で進化してきたように、**より最適なポジションへ移動しなくてはならない。**したがって、変化の激しい事業におけるシステムは、迅速に開発できるアジャイル開発手法を採用することが求められている。その過程で、変化できない社員やシステムを抱えていては、生き残れるはずがないことは明白だ。

3. 顧客接点が多様化している

　世の中で進んでいる変化の一つではあるが、**企業と顧客の接点が多様化している**ことも、重要な視点だ。かつては、企業と顧客の接点は、メーカーであれば、商品そのものと、広告、電話、FAX、ハガキ、営業マンによる訪問くらいのものだった。小売店や販売店であれば、店舗の販売員と電話くらいだろうか。

　現在は、上記に加えて、Web サイトの問合せフォーム、電子メール、LINE や Messenger などの各種メッセージング・アプリや、Facebook や Instagram、Twitter などの SNS、Skype や Zoom、Teams などのビデオ会議などがある。メッセージング・アプリ一つとっても、前述の LINE、Facebook Messenger 以外に、WeChat、Telegram、Chatwork、Slack、WhatsApp、SMS など、多様なサービスがある。

　顧客全員が決まって使っているサービスなどない上に、同じ顧客でもその都度で利用するサービスが異なるため、全員のニーズに合わせようとすると、複数のサービスに対応しなければならない。

　このようなサービスは、これからも増え続けるし、いま主流のサービスが廃れていくこともある。予想される変化は、スマートフォンからスマートグラスに移り、消費者が日常的に AR 環境に置かれるようになると、メッセージング・アプリやビデオ会議のサービスが、VR/AR 対応の使い勝手の良いサービスに代わっていくに違いない。

　さらには、顧客接点における顧客とのコミュニケーションに対して、これまでのように人間が対応するだけでは、その企業は競争力を失っていくだろう。チャットボットはますます普及し、AI がより賢くなることで、コンタクトセンターのオペレーターや営業所の営業マンを刷新していく企業は躍進し、これまでのやり方を続ける企業は、財務効率で劣るようになり、競争上とても不利になる。チャットボットだけではない。ディープフェイクを応用して本物の人間そっくりの顔や表情をするデジタル人間が、画面越しで顧客に応対するようになると、多くの営業マンの仕事が消滅する。

　デジタル営業マンは、それぞれが顧客と応対したとしても、その応対履歴が集約され、一つの AI が学習し、その学習された頭脳を、瞬時に各顧客接点に散らばっているデジタル営業マンにコピーできる。1 日に 1 万人の顧客がその企業のデジタル営業マンと会話したとしたら、デジタル営業マンが数千個のデバイスで動作していたとしても、1 日に 1 万人の顧客とやり取りした経験を得られるのだ。1 人の営業マンが年 300 日間、1 日 5 人の顧客とやり取りしたとして、1 年で 1,500 人。30 年で 45,000 人とやり取りしていることになる。そうすると、日々 1 万人の顧客とやり取りしている企業の**デジタル営業マンは、営業一筋 30 年の**

ベテランがもつ経験を、わずか5日で追い越してしまうことになる。

さらに、人間は忘れる生き物だが、AIは忘れない。それを加味すると1〜2日で追い越してしまうに違いない。

将来的には、こうしたデジタル営業マンが、顧客接点を担う複数のサービスで応対することになる。対応する顧客接点が多ければ多いほど、デジタル営業マンの経験件数は多くなり、企業に利益をもたらすトップ営業マンに成長する期間が短縮化され、競争上優位になるに違いない。

さらにはどのような顧客接点であっても顧客に対応する企業や、複数の顧客接点を駆使して、一人の顧客に応対して、すばらしい顧客体験を提供できる企業が、競争優位を築いていく。

4. レガシーシステムではダメな理由

ここまで読むと、レガシーシステムではダメな理由がわかるのではないだろうか。デザイン思考で顧客の抱える課題を解決しようとすると、多くの場合、複数の事業者とエコシステムを形成する必要がでてくる。当然、自社システムの変更だけでなく、他社との接続が必要になる。そして、**システム連携が発生する相手企業の数は、エコシステムの特性上、常に増え続ける**ことになる。

そして、さまざまなテクノロジーが進化し続け、それらを組み合わせたソリューションが次々と生まれることにより、エネルギーや通信、教育などあらゆるコストがゼロに近づき、移動の必要性が減り、住居に求められる特性も変わってくる。**これからの世の中では、人々に必要とされる商品やサービスは、現在存在しないものがほとんどになる**。そういう世の中が10年後に訪れるとしたら、いまから多くのことを変えていく必要がある。

さらには、次々に新しく生まれる顧客接点に対応していくには、当然既存のシステムへの接続が必要になる。

レガシーシステムには、このような変更に対して、莫大な時間と費用がかかっている。70頁で述べたようにERPを導入した日本企業が、カスタマイズを入れてしまったために、国際競争力を失っている現状がそれを物語っているのである。

SAPをカスタマイズせずに導入してきた諸外国の企業については、レガシー

システムから最新のクラウド環境への移行が比較的スムーズに行えているのに対し、日本企業は最新のクラウド環境への移行が遅々として進んでいないためだ。

　日本企業がレガシーの呪縛から抜けられない理由の詳細は、第10章で説明するが、レガシーではダメな理由は、以下の3つだ。

---

① ロジックの変更に時間と費用がかかり過ぎる
② 新たに外部システムとの連携をしたくても、時間と費用がかかり過ぎる
③ 顧客接点を増やすにも、時間と費用がかかり過ぎる

　世の中がものすごいスピードで変化しており、その変化のスピードがますます加速していく中で、変化のスピードについていけないのが、いかに致命的なことかわかるだろうか？

　現在ですら、変化のスピードについていけずに国際競争力を失い続けているのに、ますます速くなるこれからの時代、どうして生き残れるというのだろうか？

5.「SoR」と「SoE」

　一つの解決策がある。正確には、解決できるかもしれない一つの概念だ。それは、キャズム理論で有名なジェフリー・ムーア氏が打ち出したSoRとSoEというコンセプトだ。SoRは、**System of Record（記録のためのシステム）** の略で、SoEは、**System of Engagement（顧客体験のためのシステム）** の略だ。

　これまでのレガシーシステムは、顧客にサービスを正確に提供することに重きを置いてきたし、その後の企業活動を正確に運営し、正確に報告することに重きを置いてきた。正しいデータだけが記録され、消失しないように管理されてきた。正しさを実現するために、何重にも確認が入る。それだけに、システムの一部を変更するだけでも、正確性が失われないように、すべてをテストしなくてはならず、変更に時間がかかっている。

　これからも、こうしたシステムは必要であり続けるだろう。それが、ジェフリー・ムーア氏が言うところのSoRである。SoRで必要とされるシステムの機能は、あまり変化は求められないし、同じ業界であれば（あるいは異なる業界で

あっても）まったく同じでも構わない。そこではコスト以外では、競争上の優位を築きづらい業務なのだ。

しかし、現在のレガシーシステムは、そこまで厳重にしなくてもよいところまで組み込んでしまっているかもしれない。そうだとしたら、顧客体験のための機能は、別のシステムに切り分けてはどうだろうか？

いまの世の中は、モノやサービスであふれている。さまざまな選択肢がある中で、**顧客に自社を選択してもらうためには、顧客に最高の体験を提供**するのがベストだ。顧客は、最高の体験をしたモノやサービスには感動し、ファンとして使い続けてくれるだけでなく、他の人々に広めてくれる。したがって、**顧客に最高の体験を届けることは、競争優位上の最優先事項**になるだろう。これを提供するシステムが SoE だ。

一方で、**顧客は、さらに良い体験を求めるのが常**だ。より使いやすく、より安く、より満足度が高い、そんな商品やサービスを求め続ける。

したがって、**顧客に最高の体験を提供する部分は、常に変化が要求される**。当然、この部分を担うシステムも、常に変更への対応が求められる。だから、SoE は、変更に強いことが求められる。**正確性よりも、スピードと柔軟性が必要**とされるのだ。正確性を犠牲にするといっても、SoR に記録する時点ではデータは正確であることを求められる。したがって、スピード優先でいったんデータを受け入れるが、後からチェックして、間違いが疑われる部分については、後から修正をするということを行う。

つまり、デザイン思考で顧客体験を良くするための施策や、エコシステムを形成し成長させる際の他社との連携、新しい社会課題を解決するための新しいビジネス（アプリケーション）の開発、次々と生まれる新しい顧客接点等、変化が前提とされる業務のシステム化は SoE が担う。そして、それらに対して、あまり変化が求められない業務については、SoR を担うレガシーシステムに任せるということだ。

しかしながら、そうだとしても既存のレガシーシステムの多くが、何の改修もなしにその役割を果たし続けられるかというと、そうではない。少なくとも SoE と役割を分割する際に、大きな改修が必要となるだろう。

これからの時代に求められるシステムの要件

前章では、レガシーシステムがいかに時代の要求に合っていないのかを説明してきた。顧客に選ばれるためには、短絡的な施策では不十分だ。社会の未解決課題は、複雑なものばかりだ。そして、社会が急激に変わっている現状では、ビジネスもそれに合わせて変化していかなくてはならない。当然、それを自動化するシステムも歩調を合わせて変化することが求められる。そして多様化する顧客接点に対応するには、新たな顧客接点にシステムを対応させていかなくてはならない。

このような急速な変化に、システムを対応させていかなくてはならないのだが、レガシーシステムは変化に極めて不向きなのだ。では、ビジネス環境の変化に合わせて対応できるシステムとは、どういった性質をもつのだろうか？

本章では、これからの時代に求められるシステムの要件を整理していく。

1. システムを止めずに変更

変化が多いビジネス環境で求められるシステムは、改修したり、入れ替えたり、新たな機能を追加・接続したりする機会が多い。そして、現代のビジネスは24時間動作しつづけていることが往々にして求められる。

それでは、システムを止めずに変更できるというのは、どれだけ難しいことなのだろうか？

それに答えるには、レガシーシステムを含めた、これまでの情報システムの世界の常識について認識しておきたい。既存のシステムに対して変更を入れたり、新たなシステムを開発して、それに置き換えたりする場合には、置き換えた部分も、それとは無関係な部分も、すべて正常に動作しなくてはならない。システムの一部分を変えたがために、それまで動いていた機能が突然意図しない処理結果を出すようになった、という話は枚挙にいとまがないが、それは許されない。

では、システムの変更により業務が正常に行われないリスクを避けるためには、何ができるだろうか？　通常は、正常に行われなかったときには、正常に行われていた元の状態に戻すしかない。そのためには、元に戻せるように、次のような手順で変更を行う。

---

① 　変更部分も変更していない部分も、テストデータを用いて何度もテストを繰り返し、すべてが思惑通りに動作することを確認してから、移行する。
② 　稼働しているシステムを止めて、新たなデータがデータベースに追加されない状態をつくり出して、その状態で切り替えを行う。
③ 　古いプログラムを新しいプログラムに書き換える。あるいは、古いシステムから新しいシステムにデータを移行する。
④ 　新しいプログラムに書き換えたシステム、あるいはデータを移行したシステムを、テスト稼働して、正常に動作することを確認する。
⑤ 　万が一、正常に動作しなかった場合には、②の状態に戻し（ロールバック）、稼働させ、正常に動作しなかった原因を見つけ、修復し、①に戻る。

　最悪なのは、移行後に正常に動作せず、元の状態に戻そうとしたが戻らなかった場合だ。その場合は、元の状態に戻すまでに半年近くかかることもある。そうならないために、上記①〜⑤のステップを慎重かつ確実に進めていくのが、これまでの常識だ。

　あるいは、①〜④を行っている間に、変更前の処理も並行して行う、並行稼働という方法もよく取る。これであれば、うまくいかなかったとしても、⑤の作業のうちロールバックして、以前のシステムで稼働させる作業が不要になり、時間も短縮できる。

　しかし、いまの事業環境では、この変更のサイクルが非常に短く、小さな変更要件であれば毎日のように発生している企業がほとんどだ。毎日①〜⑤のような対応をしなくてはならないので、毎晩止めて変更作業を行っている。システムの変更を確実に行うためには、システムを短時間であっても止めるのは当然だ。

　では、競合企業は24時間365日稼働させているとしたらどうだろうか？

　一見不可能と思えるようなことが、海外企業では普通に行われている。それに対応できないのであれば、国際競争で確実に負ける。特に、限界コストの低いビ

ジネスモデルでは、ユーザー数は多ければ多いほど、量産効果で原価を安く設定できたり、品質を上げたりすることができるからだ。日本で通用したとしても、海外で通用しなかったら、早晩コスト競争で負ける。

それが、すべての企業が置かれている現状だ。システムが想定通りにうまく移行できたとしても、その移行している間に事業が倒産したら、まったく意味がない。医療ドラマにあるような、「手術は成功した。しかし、患者は亡くなった」というのと同じだ。しかし、いまやそれが現実のものになろうとしているのだ。

ビジネスが24時間365日動き続けてても、**システムを止めずに**システムの変更をするしかない。では、どのようにしたら、**システムを動かし続けながら、システムへの変更を行う**のだろうか？

答えは**カナリア・リリース**だ。これは、システムを流れるトランザクションの数％だけを新しいシステムあるいは新しいプログラムに書き換えたシステムで動作させ、処理させることをいう。残りの大部分は、これまでどおりのシステムで処理をするのだ。

そして、新しいシステムで処理した結果だけを、正しく処理が行われたかどうか検証する。もし、その処理が想定通りの結果を出せていなかったとしても、修正するのは新しいシステムで処理した数％のデータだけで済むので、時間的なロスも、業務的なインパクトも少ない。

そして、数％でうまくいったら、次は10％、30％といった具合で、新しいシステムで処理させるトランザクションの率を増やしていくのだ。そうやって、徐々にシステムを移行していくという方法だ。

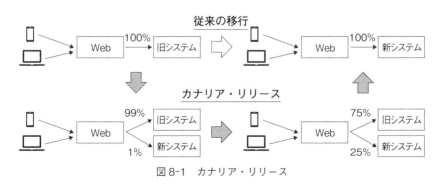

図8-1　カナリア・リリース

じつは、これができるのは、「1か所から来た処理を、ロードバランサで複数のWebサーバに切り分けているアーキテクチャを採用しているWebシステムであること」と、「そのWebサーバの台数を、システムを止めずに柔軟に増減できる環境（つまりクラウドサービスまたは仮想サーバ上）で動作していること」の2つの条件が成立しているシステムである場合に限られる。

残念ながら、レガシーシステムはこれに当てはまらないため、システムを止めずに移行するカナリア・リリースは採用できない。

2. 1か月以内でつくって導入

日々の更新はもちろん、日々増え続ける協力会社との接続インタフェースや、新しいビジネスモデルを採用したサービスの立ち上げ、顧客接点の増加など、いまのビジネス環境は、IT部門を悩ませることばかりだ。ビジネス環境が求めるこれらへの対応速度は1か月以内が理想だが、レガシーシステムを抱えるIT部門にしてみれば、手をつけられるまでに1年間待った上に、そこから半年〜1年は必要なことが多い。

そして、ビジネス環境に対峙している事業部門ですら、当の昔にそれを諦めている。なぜなら、過去に何度かそれをIT部門に要求して、逆鱗に触れて、追い返された経験をもっているからだ。

しかし、どんなにIT部門が嘆き叫ぼうと、ビジネス環境は容赦なく変化する。協力会社を思うように増やせず、顧客接点も増やせず、新しいビジネスモデルを採用したサービスさえも立ち上げられない企業は、顧客から見捨てられるだけだ。

だから、1か月以内にこうした変更を反映する能力をもつことは非常に重要だ。しかし、そのためには、基幹となるシステムのアーキテクチャが、それに対応していないといけない。

例えば、新たに次々と代理店やサプライヤーが増え、次々と新たなビジネスモデルをもったサービスが立ち上がり、次々と新たな顧客接点ができることが、会社のシステム全体として、最初から設計されていなくてはならない。それは、要するに**アーキテクチャ**だが、実際には、プログラム言語やライブラリ、それらの

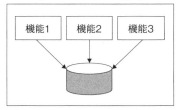

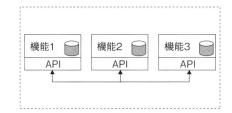

図8-2　マイクロサービス・アーキテクチャ

使い方を記した設計ガイドライン、コーディングガイドライン、セキュリティポリシー、データの集中・分散方式、企業としてのAPIの標準化などが、細部にわたって、統一されている必要がある。

　また、変更によるテストの範囲を限りなく限定的にする必要がある。なぜなら、テスト工程は単体テストからシステムテストまで入れると、全体の50%近い期間を必要とするからだ。

　それを行うのにもっともシンプルな方法は、システム一つひとつを小さくし、外部からのアクセスはすべてAPI化し、外部の変更は内部ロジックに影響させず、内部ロジックの影響は外部システムに影響させない構造にしておく必要がある。つまり、別のシステムと同じデータベースにアクセスするような構造にしてはいけない。**マイクロサービス・アーキテクチャ**で開発しておく必要があるのだ。

　さらには、開発手法や業務要件・設計情報・ソースコードなどの管理も、開発と運用が一体となった**DevOps**という開発手法を取っている必要がある。開発担当者と運用担当者が連携し、相互にオーバーラップする体制を組まなくてはならない。これは簡単なようで、とても難しい。

　なぜなら、開発担当者と運用担当者では、人件費の市場価格がまるで違うからだ。開発担当者に運用業務を担わせるのは、とても高コストであり、開発担当者のスキルアップにもつながら

図8-3　DevOps

ないため、嫌がられる可能性も高い。一方で、運用業務しか経験のないエンジニアを開発担当にするには、高いスキルの壁があるからだ。

　したがって、1か月以内で開発して導入という体制にもっていくことは、奇跡に近く、できたとしても、一朝一夕にそのような体制を築けない。

3. 素人でも開発できるようにする

　何度も言うように、ビジネス環境が企業に求める変化は、絶望的なほど大きく、数も多く、そしてますますそのスピードは加速している。新たに開発が必要な案件も、業務プロセスに対する変更案件も、あまりにも多すぎて、エンジニアがいくらいても足りない。予算も足りない。優先順位をつけて、重要なものから着手しても、それでも追いつかない。

　このような場合、発想の転換が必要だ。ビジネス環境の変化に合わせて新たな機能やサービスを開発したり、既存の業務プロセスを変更したりするにあたり、これまでのアプローチは、業務を理解しているビジネスユニットの人材が、エンジニアに要望を伝えて、エンジニアがそれを実行に移す。そこには当然、コミュニケーションロスが発生するリスクがあるため、何度も打合せを繰り返し、仕様書をしっかりと残して、コミュニケーションロスを防ごうとする。

　しかし、もし業務担当者本人がシステムを開発できたとしたらどうだろうか？90年代もEUCが流行したが、その際はExcelのマクロであった。いまでは、マクロ言語を操るよりも簡単に、業務処理をこなすソフトウェアを汲み上げることができるようになっている。それが**ノーコード・ローコード開発**と呼ばれるものだ。

　ノーコード開発、ローコード開発とは、従来のようにエンジニアがコーディング（プログラミング）をするのではなく、専門知識のない業務担当者であってもコードを書かない、もしくは少ないコードでもソフトウェア開発できることである。そして、そのための開発プラットフォームが、ローコード開発ツールである。例えば、ログイン認証やソート、マージ、集計、ファイル読込、ファイル書きだしなどといった機能の固まりが部品として用意されていて、それを画面上でドラッグ＆ドロップして並べるだけで、システム開発ができる開発プラット

フォームだ。

　イメージが湧かない場合、ペライチ（Peraichi.com）というホームページ作成サービスを試してみてほしい。無料で使えるので、イメージを掴むにはこれが最適だろう。ペライチは、ホームページをつくるだけだが、ログイン認証や決済機能を組み込むことができる立派な Web システムである。多少慣れないと美しい Web ページをつくることはできないが、とりあえず動くものをつくるだけなら、パワーポイントでイメージ図を書くよりも簡単に、ドラッグ＆ドロップで Web ページを作成できる。

　ローコード開発ツールを使えば、これと同じような感覚で、Web ページだけでなく、データを読み込み、処理をして、データを別のシステムに渡したり、ファイルに書き込んで保存したりする処理をつくることができる。あるいは、ローコード開発ツールには分類されないが、RPA ツールも、ローコード開発と同様に、エンジニアでなくても処理を構築できる。

　このようなツールを開発する上で、一つ注意することがある。それは、**誰でもつくれてしまうがために、他の担当者が引き継いだときに、中身がわからずにメンテナンスできなかったり、じつは間違えていた処理を行っているのに気づかずに過ごしてしまったりする**ことが、頻発することだ。

　これに対処するには、その処理の仕様（入力データと入力元、中で行われる処理、その結果としての出力データと出力先）をしっかり文書化して管理すること。そして、処理が間違っていないことを部門全体で確認することだ。

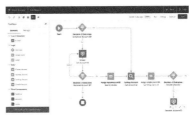

図 8-4　ローコード・ノーコードのイメージ

4.　ベンダーロックを回避する

　もし、情報システムをこれから開発する、あるいは刷新するのであれば、気をつけなくてはいけないことがある。それはベンダーロックだ。ベンダーロックとは、いったんあるベンダーの商品やサービスを採用したら、他の部分にも他社の

商品を使えない、あるいは他社に乗り換えられないといった状態を指す。

　ベンダーにしてみれば、顧客の囲い込みができて、将来の売上を確保できる。それどころか、最初は低価格で導入しやすくして、後から大きく利益を確保できる。ビジネスとしては、賢いやり方だ。一方で顧客の側からすると、はじめは甘い言葉で近づき、いったん契約したら、次からは足元を見た高額な要求をしてくるように見える。

　もちろん、お互いがどう感じていようが、お互いが繁栄するのであれば、それでいいとも言える。ベンダーの提供しているサービスによって、顧客企業がより成長できるのであれば、その利益を顧客企業が独占するのではなく、それなりの貢献度合いに応じた分け前をベンダーが得るのは、筋が通っている。

　しかしながら、いまわれわれが置かれているビジネス環境は、急速に変化している。過去に導入したシステムでは、新たなビジネスに対応できない。よって、**何かを追加しようとする場合、ベンダーロックされている**と、割高な費用を支払わなくてはならなくなったり、そのベンダーが新しい変化に対応する力をもっていないとしても、そのベンダー以外の選択肢がなかったりする。そうなると、**顧客企業は変化にうまく適応できずに、死活問題になりかねない**。

　したがって、顧客企業がシステムを導入する場合には、ベンダーロックにならないように気をつけなくてはいけない。こうしておけば、絶対に大丈夫というものはないが、いくつか気をつけるポイントはある。

　例えば、大手ベンダーを利用する際、その企業が開発した商品がシステムの中核（データベースやアーキテクチャ）に据えられていて、その商品を扱えるのが、そのベンダーおよび系列企業だけの場合だ。こういった条件に当てはまる場合には、その大手ベンダーの採用は避けたほうがいい。どうしてもそのベンダーを採用する場合には、その商品の利用は絶対に拒否しなくてはならない。

　また、基幹システムに用いられるデータベースに、そのような商品を選択してしまった場合を考えてみよう。そのデータベースから情報を抽出して、データウェアハウスなどの情報系システムなどの別のシステムで処理をするような場合、そのシステムの構築を委託できるのが基幹システムのベンダー以外に選択しづらくなる。基幹データベースからのデータ抽出部分だけを基幹システムのベンダーに委託して、データウェアハウスから先を別のベンダーにしようとしても、

基幹システムのベンダーはデータ抽出部分だけの依頼を拒絶しかねない。

そんな意地悪なことにはならないと思ってはいけない。ベンダーによってそんな状況に陥っている顧客企業を、筆者自身がこれまで数えきれないほど見てきたからだ。

もう一つ、よくある事例として、時間を人質に取るベンダーもいる。これは基幹システムをリプレース（刷新）するときによく遭遇するケースだ。

例えば、ベンダー自らがOSの期限切れだとか、使用しているソフトウェアのサポート期限切れなどの理由をもち出して、期限を設けておきながら、他社に乗り換えようとすると、「仕様をわかっているメンバーがいないと間に合わない」「データ移行には協力できない」など、あれこれ理由をつけて、「当社でないと期限までに新しいシステムに移行できませんよ」というアピールをしてくるのだ。

このようなことは、どこでもある。例えば、経産省が2008年に公開したDXレポートで2025年の崖として警告したのは、2025年にERPの代表企業であり、多くの日本企業も採用しているSAPの旧バージョンのサポートが2025年に切れるからだ（その後、数年延長されて危機は先送りされているが、いずれまた危機が訪れる）。

あるいはMicrosoftのWindows OSのサポート期限切れというのは、数年に一度、必ず発生する。これらは、もちろんベンダーロックであり、他のERPやOSに乗り換えることはなかなか難しい。ただ、これらはまだマシなのだ。SAPにしてもMicrosoftにしても、製品を提供している企業以外で、さまざまなSI企業やコンサルティング企業がSAPやMicrosoftのエンジニアを抱えているために、ほとんどは自由競争の中から適切なベンダーを選択できるからだ。

5. 保守・運用コストを下げる

保守コストと運用コストは**企業の固定費**であり、**システムが増えるにしたがって、積み上がっていくコスト**だからどこの企業でも当然考慮している。そして、これまでもさまざまな方法で、保守・運用コストを下げる努力はされていたことだろう。

例えば、メインフレームからクライアント・サーバ型システムへのダウンサイ

ジング、さらには Web システムへの移行によって、ハードウェアとソフトウェアの保守費用は劇的に下がっている。

　運用コストも監視業務など一部の業務は、ソフトウェアが行うようになった。人間が対応しなくてはならないような24時間365日対応のサービスであっても、中南米・アジア・欧州へグローバルにサポートセンターを分散させて、時間帯で順番に切り替えていくことによって、より人件費が安い人材を深夜手当不要な条件で雇うことによって、コストを削減させた。

　ここ10年近くで変わってきたことといえば、それまで大手ベンダーがデータセンターで管理していたシステムを、すべてクラウド上に載せることによるコスト削減だ。ここでもベンダーロックされているとベンダーが管理している割高なプライベート・クラウドに置かざるを得なくなるが、AWS や Azure などのパブリック・クラウドにシステムを置けば、さらにコストを減らすことができる。

　ただし、データレイクや配信システムのように、大量のデータをクラウドの外に出すシステムを置く場所として AWS や Azure を採用すると、高いコストを支払わなくてはならなくなるため、システムの性質によって置く場所を考える必要がある。これもベンダーロックの一つだ。

　これまでも、そしてこれからも、もっとも悩ましいのは、企業独自のロジックを含んだシステムの保守費用だ。131頁で述べたように、これまで一体化していたシステムをマイクロサービス化すると、システムは小分けになる。システムの数の増大は、ソフトウェアの保守要員の増加につながりかねないため、これまでと同じように体制を築こうとすると保守コストは劇的に増えかねない。さらには、ビジネス環境の変化のスピードに適応するために DevOps を採る場合、その体制をうまくつくらなくては、高コストになってしまう。

　このような不安要素はあるものの、それでも運用・保守コストを下げる努力は続けなくてはいけない。アプリケーション保守体制が余分に必要となるのは、企業独自のロジックを含むシステムであり、パッケージシステムをそのまま使っている限りは、パッケージソフトウェアの保守費用を支払うだけでいい。そうであるなら、次の方針を採用することで、保守コストを抑え込めるかもしれない。

① パッケージソフトは、企業独自のロジックを入れずに利用する。
② 企業独自に開発するマイクロサービスは、仕様書を見なくても、メンテナンスできるような、極力シンプルな仕様を心がけてつくる。
③ 複雑なロジックや、企業独自のロジックがある場合には、それだけを別のマイクロサービスとして切り出して開発するように心がける。

　この場合、③のケースだけが、時代の変化に合わせて頻繁に変えていったり、増減されたりしていくことになり、保守体制が必要となる。

　①のケースでは、業務仕様の変更はパッケージソフトウェアのバージョンアップで対応できるために、保守体制は不要だし、②のケースでは、仕様が単純かサービス内容・業務内容に忠実なので、業務を理解してさえいれば、メンテナンスができる。

　したがって、特別な保守体制を維持し続けなくても、必要なタイミングで③の保守体制を調整して、機動的にチームを編成することで対応できるからだ。

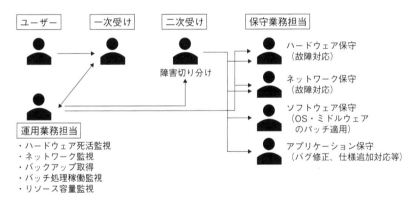

図 8-5　運用・保守の種類

6. データ活用の高度化

　勘と経験に頼った意思決定ではなく、データ（つまりファクト）に基づいた意思決定が重要なのは、いまに始まったことではない。しかし、ビジネス環境の変化が激しい現在では、人の先入観や過去の経験は、事実の把握・理解を邪魔するだけだ。つまり、変化に気づくのが遅くなり、機会を逃す可能性が増大する。いわゆる、ゆでガエル現象だ。

　不謹慎ではあるが、コロナに感染した人の中に、無症状で無自覚の人が、突然意識を失って亡くなる例に近い。血中酸素濃度が致死レベルに下がっていても、自覚症状がないために気づかずにいるように、経営陣に適切な情報が適切なタイミングで上がってこないから、危機的な状況に気づかないのだ。

　企業が現場のデータから経営状況をモニタリングして、意思決定に活かそうという動きは、古くは MIS（Management Information System：経営管理情報システム）や DSS（Dicision Support System：意思決定支援システム）、EIS（Executive Information Service：経営情報システム）といった具合に 1980年代頃からあった。1990 年代からそれがデータウェアハウスや BI（Business Intelligence：ビジネス・インテリジェンス）と言われ、現在でもそれらの構築は重要視されている。

　第 7 章 5 節で SoR と SoE の概念について紹介したが、これらを提唱したジェフリー・ムーア氏によると、データ活用・データ分析のためのシステムを **SoI（System of Intelligence：インテリジェンスのためのシステム）** として、SoR、SoE とは別の概念として付け加えられている。

　データウェアハウスや BI は、多くの企業では、重要視されてきたにも関わらず、うまく使えていないというのが真実だろう。それにはいくつか理由がある。一つは KPI（Key Performance Indicators：主要業績評価指標）が適切に設定されていないことだろう。それは、その KPI が行動に移せる指標に細分化されていないことも含む。

　理想的な KPI 設定はどういったものかといえば、日々の施策の結果を、翌朝に確認して、その結果を受けて対策を考え、次の施策を打つといった、**PDCA**

サイクルを、**担当者ベースで見られる**ようになっていることだ。積み上げた数値を課長が見て、どの課員をフォローすべきかを判断して、同時に個々人に割り当てた作業の妥当性を検証し、さらには課としての施策を修正・策定したりするのだ。さらには、それを部で積み上げて…といった具合で、管掌役員レベル、社長まで積み上げていく。

そこまで組織内の階級へ下ろしていき、個々の従業員まで落とし込まれていないと、組織のいたるところで日々の活動にぶれが生じてしまう。目標達成に向けた仕事が疎かにされて、組織が掲げる目標に向かって一丸となって進まなくなる。

BIがうまく使えていない理由の別の理由には、日々の変化、あるいは月々の変化に乏しい数字を見ても、飽きてしまうということもあるだろう。同じような数字が続いていたとしても、日々行われている施策が、それぞれの目標達成に向かって、順調に進んでいるのか？ 想定通りに行っているのか？ そうではないのか？ といった数字を読み取らなくてはいけない。同じような数字が続いているように見えるということは、**日々の施策に対しての進捗が可視化**されていないということだ。施策が想定通りに進んでいない場合、それに対して何を考えて、どんな対策をするのか？ といった指示ができないからだ。

もちろん、ここまで組織の上から下まで、組織レベルや役割分担ごとに適切なKPIを設定し、システムに落とし込むことは、非常に労力がかかる上に、変更に対する柔軟性も失う。新規事業やスタートアップのように、まだビジネスの形が定まっていない時期にここまでの細かさで業績評価設計しようとしても、考えているうちに目標の質が変わっていってしまうことも少なくない。

したがって、ここまで細かく管理できるとしたら、それはビジネスモデルがある程度安定して軌道に乗り始めてからだろう。

一方で、スタートアップや新規事業開発のようにビジネスモデルが固まっていない場合には、システムではなくエクセルで日々集計し、PDCAサイクルを回していくのが最善かもしれない。また、大きな変革の途中であれば、そういった仕事に対する目標管理は、必ずしも業績と直結せず、KPIをシステム化して適切に管理するのは現実的ではない。

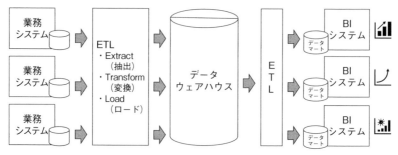

図 8-6　SoI（System of Intelligence：データ活用と業績管理のしくみ）

7. AI と IoT

　IoT（Internet of Things：モノのインターネット）や AI は、これからの時代の競争力に大きく影響する。IoT の本質は何かというと、モノに命が吹き込まれたと想像するとイメージしやすいかもしれない。これまではモノの状態を知ったり、モノを制御するには、モノのある場所に人が移動しなくてはならなかった。

　しかし、モノに IoT が備わると、人がモノのあるところに移動しなくても、モノのほうから自らの状態を知らせてくれるようになるし、遠隔からモノを制御することができるようになる。さらには、モノ同士が通信をして、お互いの制御に影響を与えることも可能になる。IoT が備わることによって、できることが大きく変わるのだ。

　では、企業が IoT を使う場合には、3 つのパターンがある。一つは、製品を製造している企業が自社の製造物に対して IoT 機能を備えて、製品をメンテナンスする場合だ。自社の製造物の故障の検知や修理ができるだけでなく、スマートフォン上で動くアプリのように、製造物に組み込まれているソフトウェアを新しいバージョンに書き換えることもできる。

　こうすることで、自社の製造物のメンテナンスがはるかに容易になると同時に、ユーザーにとってもかなりメリットがある。これまでは、その製品が故障したとき、ユーザーは何らかの不具合を感じる。故障の原因が、どこにあるのかを調査して、それが特定できて初めて、製品のベンダーやメーカーに連絡する。そして、修理に来てもらうまで数日かかることもある。しかし、IoT によって、

ユーザーが何らかの不具合を感じたときには、メーカーがそれを察知し、すぐに遠隔で修理できるようになる。さらには、こうした測定データを正常時と故障直前の値を分けて、AI に学習させることで、故障の予兆を捉えて事前に故障を予測することもできるようになる。

これを突き詰めると、メーカーは自社の製造物を販売してメンテナンスするこれまでのビジネスモデルから、製造物がもつ機能を提供するサービスとして提供するビジネスモデルに変えることすらできる。例えば、エンジンを売る製造販売業から、止まらない動力を売るサービス業に転換できるということだ。

自社製品に備える IoT は、製品自体の品質チェック・制御に利用するケース以外にも、顧客の利用状況を知るためにも利用できる。IoT 機能付きの電磁調理器であれば、どのような家庭が日々どんな料理をどのくらいの量つくっているかがわかる。家族構成や、どのくらいの外食頻度かというデータも捕捉可能だ。

街頭に設置されているカメラやセンサーに IoT を備えることで、通行量・交通量を計測することもできる。スマートウォッチで測定した身体のバイタルデータをクラウドに発信することもできるだろう。

メーカー以外がこういった情報を取得する場合もある。その場合には、装置や設備に IoT センサーを外付けすることになる。

こうした IoT から発せられるデータを受け取って、AI に学習させるしくみは、IoT と AI を活用したいと考える企業は必ず必要となる。具体的には、IoTからクラウドに向けて発信されるデータを受け取り、データベースに記録しておく部分と、そうしたデータを AI に学習させたり（図8-7）、集計して前述の BIでレポートとして表示できるようにしたりするしくみだ（図8-8）。

IoT から発信されるデータは、センサーが計測したデータであっても、毎秒あるいは毎分継続的に送られてくる。この送られてくる頻度が細かければ細かいほど、ストリーミングデータとなる。その一番わかりやすい例が映像だ。映像は、マイクロ秒単位で撮影した画像をクラウドに送ってくる。こうして IoT から送られてくるデータを漏れなく受け取り、データベースに格納するためのしくみが必要とされる。こうしたデータベースを、上流の川から水がとめどなく流れ込んでくる湖に見立てて、**データレイク**という。前述のデータウェアハウスは、取引や操作というデータの塊がはっきりしていることから、モノを整理して貯めてお

く倉庫に見立てられた名前になっているが、データが塊として分けられるかどうかが、データウェアハウスとデータレイクの違いと理解していいだろう。

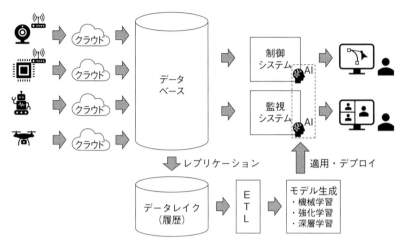

図 8-7　SoA（System of Autonomous：自動の運転のためのシステム）

　次に、このデータレイクに次々と流れ込んでくるデータを使って、業務の意思決定に必要なレポートに加工して表示する場合には、データレイクからデータウェアハウスにデータを移動させて、データウェアハウスの中の別のデータと組み合わせて、BI で集計・表示させるしくみが必要だ（図 8-8）。

　また、こうした流れ込んでくるデータを AI に学習させて、AI を育てるしくみも当然必要になってくる。

8. 自動運転・自律制御への対応

　IoT を通して得た製造物から送られてきたデータを解析して、IoT に制御命令を送るプロセスを、完全に自動化したものが自動運転・自律制御だ。つまり、製造物の状態を IoT がクラウドに送信し、それをデータレイクに溜め、そのデータを使って AI が、制御命令を決めて、再び IoT を通して製造物に制御信号を送る。製造物は、受け取った制御信号通りに自身を動かし、動かした後の状態をデータとしてクラウドに送信する。このフィードバックループは、これからのシ

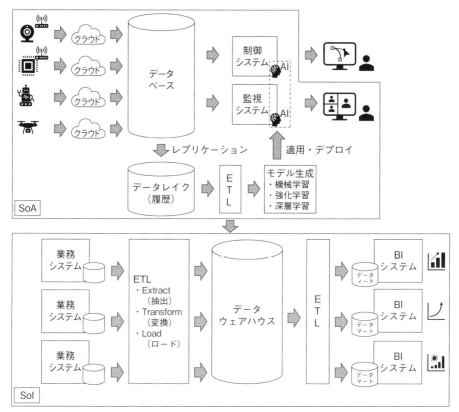

図 8-8　SoI と SoA の関係＝データウェアハウス＋ AI・IoT

ステムで必要とされてくるだろう。

　ジェフリー・ムーア氏は、このタイプのシステムを SoA（System of Autonomous：
自動運転のためのシステム）と分類している。大量の製造物からデータレイクに
流れ込んでくるデータをリアルタイムに強化学習し続ける AI を活用して自動的
に動作するしくみをつくることによって、企業競争力の源泉となる。

　その代表格が自動運転車だ。世界中の道路を走っている自動運転車から走行
データがクラウドに集まり、AI が制御信号を送ることで自動車を運転する。
データ処理や通信の遅延を考慮すると、運転手として判断をする AI エンジン
は、走行中の自動車に搭載されることになるだろう。一方でクラウドに送られた
何万台からの走行データを AI が強化学習し、学習を繰り返すたびに AI は優秀

になっていく。この日々優秀になった更新版のAIデータを、市場に出回っている自動運転車が日々ダウンロードすることで、ますます安全性が高くなっていく。こういった強化学習を続けるしくみは、前述のものとは異なるしくみが必要になる。

Chapter 9

なぜ、レガシーから抜けられないのか？

これまで、第 7 章では企業がレガシーシステムを使い続けていることの弊害を、第 8 章ではこれからの世の中で必要とされるシステムの要件を説明してきた。どちらも、レガシーシステムは今後の社会で必要とされる要件には当てはまらずに、企業の競争力を急速に削いでいくことがわかる。

しかし、それがわかっていても、企業がレガシーシステムから卒業し、前述の要件を満たすようなシステムに移行できないのはなぜだろうか？ 欧米だけでなく、中国や新興国でも、すでに新しいシステムに移行しているのに、なぜ日本企業だけが、取り残されているのだろうか？

1. レガシーからリソースを剥がせない

日本企業のほとんどが、デジタル社会に適応するシステムで業務を動かさなくてはいけないことを理解しつつも、レガシーシステムから脱却できない大きな理由は、リソース的な問題である。不足しているリソースは、資金と人材のどちらもだ。図 9-1 は、一般社団法人日本情報システム・ユーザー協会「企業 IT 動向調査報告書2017」の調査結果の一部で、経産省が 2018 年に発表した「DX レポート」でも取り上げられている。それによると、企業の IT 予算の 80%が既存の事業を運営するためのシステムに費やされ

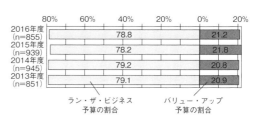

図 9-1　既存事業のために IT 予算の 80%が割かれている

（出典）　一般社団法人日本情報システム・ユーザー協会「企業 IT 動向調査報告書 2017」より

ている（ラン・ザ・ビジネス予算）。新たな価値を生み出すための IT 投資に向けられている予算（バリュー・アップ予算）は、20%しかない。

　既存の事業を運営するためのシステム費用の内訳は、システムのリース料や減価償却費、OS や DBMS、ミドルウェア等のライセンス保守料、パッチ適用の作業費用、データセンターやインターネットの使用料、さらには業務アプリケーションを更新する際に発生するアプリケーション保守料などが考えられる。アプリケーション・ソフトウェアの減価償却については通常 5 年で償却が終わるので、それ以外のコストが主になっていると考えられる。

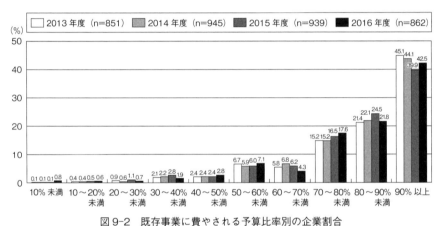

図 9-2　既存事業に費やされる予算比率別の企業割合
（出典）　一般社団法人日本情報システム・ユーザー協会「企業 IT 動向調査報告書 2017」より

　この 80%という数字も、あくまで平均で、もう少し細かく見ると、既存事業のために IT 予算の 90%も費やしているところが 40%以上で、既存事業の IT 予算を 70%以上費やしている企業は、なんと 80%もある（図 9-2）。

　企業が情報システムを導入するときには、通常、初期費用と 5 年または 7 年のランニングコストを算出して決定する。しかし、その際にはシステムの更改のための費用を見逃しがちである。その結果が、いまの状況をもたらしており、企業が存続するための投資を妨げているという観点では、負債と同じだ。一般に、負債は、未来に向けた投資を妨げるばかりか、日頃の経営状態（個人であれば家計）を圧迫するものだからだ。

　この新しい投資への予算不足は、悪循環を生む。**予算が足りないからと、システムの更改を後回しにすることは、一見コストを節約しているように感じるが、じつはそうではない。単純に競争力を弱めるだけでなく、古いシステムを使い続けるコストは、新しいシステムのそれに比べて高いからだ。**

　ムーアの法則の恩恵もあり、システムの性能あたりのハードウェアの価格は毎年指数関数的に下がり続けている。1980年代まではメインフレームでしか動かせなかった業務量であっても、いまならセキュリティや耐障害性を考慮すればパソコン数台、それらを考慮しなければ1台で動かすこともできるはずだ。初期費用は、1/100〜1/1000程度になっている。初期費用が下がれば、保守費用などのランニング費用も下がる。

　さらには、かつてはもっとも処理量が多いケースに合わせてハードウェアを購入していたが、いまでは平常時の処理量に合わせたハードウェア構成で契約しておき、処理量が増えたときだけ自動的にハードウェアを増量して割り当ててもらい、その分の時間コストを支払えばよくなっている。

　メインフレームを置いておくデータセンターのコストも決して安くない。一方で、AWSやAzureなどのパブリック・クラウドのサービスを使えば、やはり1/100〜1/1000程度のコストで済む。

　ソフトウェアも同じだ。IBMのメインフレームを例にとっても、最新のメインフレームはS/360という1965年に発売されたものの上位互換を保っている。つまり、基本的なアーキテクチャ（構造）は同じだ。一方で、UNIX〜LinuxあるいはWindowsサーバの世界では、ソフトウェアも仮想化技術を含み、急速に進化していて、データベースのコピーの作成も数秒でできるようになっている。それでいて費用は劇的に下がっている。買い切りではなく、サブスクリプションで利用することができる。

　アプリケーション・ソフトウェアも、機能が充実したパッケージソフトや、それをサブスクリプションで利用できるSaaSが比較的低コストで提供されている。

　このように、**古いシステムを使い続けているよりも、同じことを新しいシステムで行うほうが、ランニングコストは劇的に減るはずなのだ。**したがって、いまのシステムを維持している時間が長ければ長いほど、新しいシステムで同じサー

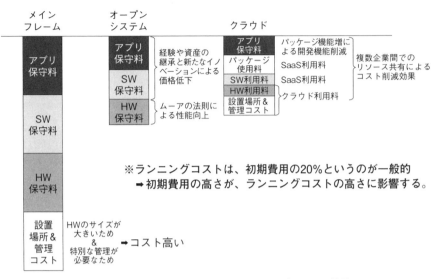

図 9-3　レガシー vs クラウドでのランニングコストの比較

ビスを提供している競合企業よりも、ケタ違いに大きなシステムコストを負担していることになる。

　資金的なリソース不足だけではない。人的リソース不足も深刻だ。古いシステムを維持するためのエンジニアを確保することも、昔よりも難しくなっている。なぜなら、導入当時のエンジニアは次々と引退し、あるいは出世して管理職業務に携わっており、もはやエンジニアに戻ることができなくなっているからだ。

　一方で、新しい IT エンジニアも次々と生まれている。しかし、彼ら若い世代は、未来にわたって長期間稼ぎ続けることができるスキルは習得するが、いつ廃れるかわからないスキルには見向きもしない。つまり、古いシステムを使い続けると、そのシステムをメンテナンスできる人的リソースが不足するのである。しかし、若者からは将来性がないと見捨てられた古い技術も、いまの日本では多くの企業で活用されていたりする。すると需要と供給の関係で、コストが上がるのだ。もちろん、エンジニアの高齢化により、彼らの人件費が上昇することで、単価が上がるという側面もある。

　先に触れたが、古い技術に対するリソース不足を象徴するニュースをあらためて紹介しよう。2020 年春に新型コロナウィルスが流行し、米国で失業者が急増

した際、失業手当の申請に使われていたコンピュータがパンクした。性能を上げるためにはシステムを更新する必要があったが、そのシステムがメインフレームで主流だったCOBOLというプログラミング言語で構築されていた。しかし、米国ではすでにCOBOLのわかるエンジニアがほとんどいなかったために、難航したというのだ。結果的に、失業手当の申請はその後8月まで増え続け、そこをピークに減り始めた。

2. 現状の仕様がわからない

レガシーシステムから抜け出せない別の理由として、現状の業務の詳細がわからないということがある。レガシーシステムから新しいシステムに乗り換えるにしても、新しいシステムが現在の業務をそのまま遂行できるか、そうでないなら何を変更しなくてはならないか、を知った上で変えないと、事業の継続性が危ぶまれる。

例えば、顧客やサプライヤーとの契約の細かい条件が変更されるとき、あるいは、過去の取引データを新しいシステムでの取引でも引き継がなくてはいけないときに、きちんと引き継がれるのかどうかなどである。

ところが、困ったことに、現在どんな業務を行っているのかについて、詳細をわかっている社員がいないことが往々にしてあるのだ。なぜなら、業務を行っている担当者が日常の業務でやっていることは、システムへの入力や、システムから出力されたデータを加工するか、帳票を使って別の資料を作成するかなどである。システムの中でどんなデータがどのように処理されて、記録されるのか？ あるいはシステムからデータや帳票が出力されるとき、それらはどのようなロジックで加工され、その結果どのような意味をもつのか？ などをすべて知

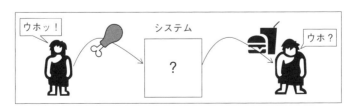

図9-4　システムがブラックボックス化してしまっている

る社員はすでにおらず、**ブラックボックス化している**のだ。

ブラックボックス化している理由は、いろいろある。

一つは、前述したように導入当時のエンジニアが残っていないことだ。**システム内部でどのような処理が行われているのか**を、現在の担当者まで代々**引き継がれていない**ということだ。あるいはM&Aによって、事業とシステムを会社ごと手に入れたものの、つくった担当者が退職してしまったか、もしくは開発を委託した会社との関係が切れてしまったという場合もある。

その際、システム内部の処理が記述されている仕様書がつくられていなかったり、つくられていたとしても紛失したりすることもあるだろう。あるいは、仕様書がワープロで作成されたものの、そのデータを読み込むワープロがなくなってしまってから、仕様書がないままだということもある。

もっともありがちなのは、当初の仕様書は残っているものの、その後の追加開発や改修の際に、プログラムは更新され、仕様書に反映されていないケースだ。きちんとしている会社であっても、同じ仕様書でも、開発工程に近い設計書には反映されているが、上流工程のアウトプットとなる要件定義まで反映されないというのは、日常的に散見されることである。

仕様書がきちんと残っていたとしても、また違った問題もある。

例えば、**仕様書に記載されている機能やロジックが、何のために使われているのかわからないケース**がたくさんある。それはIF文だったり、データベースのカラムの中でも処理分岐に用いられる区分やフラグといった種類の項目であったり、さらにはそこに入っている値だったりする。現行システムに残っている仕様書通りに、新しいシステムでも忠実に再現すれば、問題は起こらないかもしれないが、本来不要な機能をつくることになる。それは、テストまで含めると多くの余計な工数を積み上げる要因だ。さらには、それを優先させると、パッケージシステムに変えようとすることができなくなる。

本当に必要な機能の場合もあるが、過去の取引先との限定的な取引内容のためのもので現在は行われていないものだったり、当初想定されていたサービスを実現するために用意されたものだが、結局そのサービスは実現されなかったりなど、いまとなっては使われていない機能が仕様書に盛り込まれているケースは少なくない。

　また、別の問題として、事業すべてを横断的に理解していることが前提とされて書かれた仕様書を、現在の担当者では理解できないということもあるだろう。これは、誰の問題でもなく、企業の成長とともに必然的に起こり得ることだ。どんな企業であっても、創業当初は会社の規模が小さいため、一人でいろんな業務を見る。しかし、企業が成長するに伴い、社員の数が増え、組織が細分化され、業務の分業化が進んでいく。

　終身雇用制が前提だったかつては、ジョブローテーションによって、すべての社員が、会社の業務すべてに携わることができたが、いまは流動的で、新卒入社の社員が定年前に辞めるのは普通で、中途入社の社員も少なくない。自分が所属している部門で行っている業務以外はわからないというのがほとんどだろう。

　その結果、事業を横断的に理解できないために、部署をまたぐ処理の場合、機能が何のために存在するのかわからないものがさらに増えていく。何に使われているのかわからない機能でも、前述のように現在は使われていない機能もあれば、現在でも他部署で行われる処理のために必要な機能もあるため、安易に切り捨てられず、結局新しいシステムにも引き継がれることになるのだ。そして、それはまた次のシステム更改時にも、**負の遺産として引き継がれていくだろう。**

3.　費用対効果に見合わない機能を切り捨てられない

　147 頁で触れたように、レガシーシステムと同じ機能のものを、いまのクラウドベースのテクノロジーでつくった場合には、劇的に安くなるはずだが、往々にしてそうはならない。レガシーシステムから変更する新システムを見積もってみると開発費用が想定以上に大きくなるケースがある。そうなると、別のレガシーシステムの更改スケジュールを遅らせたり、諦めたりすることにもつながりかねない。

　なぜ、そんなことが起こるのだろうか？　それは、主にアプリケーション開発費で起こる。メインフレームからオープンシステム（クライアント・サーバシステムや Web システム）、クラウド上のシステムに移行する際、アプリケーションの開発コストが減る理由は、経験や資産の継承と、新たなイノベーションによる価格低下と、複数企業間でのリソース共有によるコスト削減効果が主だ（図9

-3)。保守料として示しているが、保守料は開発費と概ね比例するので、保守料を開発費と置き換えて読んでほしい。

つまり、アプリケーションの開発費がオープンシステムやクラウドで減る理由は、どの企業でも汎用的な業務を開発した場合に大きくコストが減るからだ。

したがって、**その企業独自のロジックや機能を追加したとたん、コストは大きく跳ね上がる**。レガシーと同じものをつくれば、現代のクラウド環境であっても、コストはあまり変わらないということだ。

費用対効果を考えれば、利用者の少ない機能は、サービスごとなくしてしまえば、システム化する必要がなくなる。しかしながら、ほとんどの日本企業は、明らかに需要が減っていても、捨てられないのだ。

「昔からお世話になっている、つき合いの長い取引先だから」

「創業者の想いがこもったサービスだから」

「このサービス（あるいは機能）がなくなったら、困る人がたくさんいる」

こういった理由によって、採算が合わなくても止める決断をできない。

一つひとつの機能やサービスが一つの事業であり一つの会社というように、アメーバー経営的な考え方をすれば、会社そのものが倒産する。しかし、不採算部門を採算部門がカバーできてしまうために、捨てきれないのだ。「あまり合理的に考え過ぎて、人の心を忘れるのは良くない」というのもわからなくはないが、厳しいことを言えば、そんな甘い考えで、ますます激しくなるグローバル競争に生き残っていけるのか甚だ疑問である。

これは、困っている人を見捨てろと言っているのではない。もし、困っている人が大勢いるのであれば、その人々の問題を解決する事業を考えればいい。

「より多くの人の問題を解決する企業は、より多くの人に喜ばれ、求められる」
したがって、より多くの利益を上げられるのだ。

一方で、需要が少ない機能やサービスは、限られた人しか救えない。限られた人だけのための機能は捨てなければ、コストが倍増すると言っているのだ。そして、ほとんどの場合、需要の少ない機能を欲している顧客は、それほど困っていないだろう。多少不便になるかもしれないが、代用するものがあれば、移行してくれる。

余計な機能が増えてシステムのコストが膨らむ理由としては、システムの費用

が過小評価されやすいことも一因だ。業務担当者が「予算の中で盛り込めるなら盛り込んでほしい」と言った場合、システムの開発担当者は、なんとか実現したいと思うものだ。その際に開発担当者が盛り込むかどうかを決めるのは、自身の工数に余裕があるかどうかだ。多少工数が足りなくても、サービス残業をしてでもなんとかしようとするエンジニアもいる。

しかしながら、工数はその担当者の工数だけでは済まない。後続のテスト工程で、工数は小さくても余計にかかる。リリース後も保守対象として残るため、後になってその仕様に改修が入ったときに、余計な考慮点が増えることもある。パッケージシステムをそのまま使っていれば安くあがるのに、機能を追加したがために、余計なコストがかかるというのも大きい。

4. スキルがない

現在、ほとんどの企業で、DX を行うために必要なスキルをもった人材が不足している。そして、システム開発を自社で行うことができず、ほとんどのシステムの開発を、IT ベンダーに委託している。このことは、総務省の情報通信白書令和元年版に引用された図9-5 からも読み取れる。

日本は圧倒的にソフトウェアの外注（図9-5 のうち「受注」部分）がほとんどで、一方で米国では自社開発とパッケージソフトの利用の比率のほうが高いのが

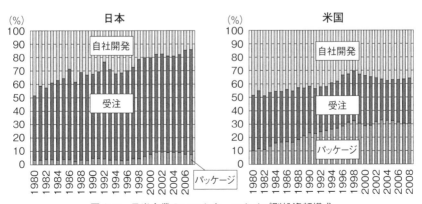

図9-5　日米企業のソフトウェアタイプ別投資額構成
（出典）　元橋一之「IT と生産性に関する日米比較」（2010 年 1 月）

見て取れる。そして現在、日本企業はシステムの自社開発がほとんどない。

これは、ちょうどメインフレームからのダウンサイジングが流行した時期に、日本企業のシステム部門がクライアント・サーバ型システムをはじめとしたオープンシステムに適応できなかったものと推測できる。それがクラウド化に変化している現在まで続いているのだろう。

さらに面白いのは、**欧米で3割以上を占め、増加傾向にあるパッケージソフトの利用だが、日本企業ではほとんど見当たらないことだ。**

このように、これまで日本の企業は、情報システムの多くをベンダーに任せすぎてきた。その理由は、人材の確保が難しいことが大きな理由だろう。エンジニアは、より多くの経験を積み、より高い収入が得られる企業に移っていく。

その両方を満たすのは、SIベンダーだ。SIベンダーを使う側の企業では、情報システム部は間接部門であり、その企業の主流ではない。給与体系が横並びの日本企業では、収入はスキルベースの市場価格ではなく、その企業が所属する業種の中で他社と比較されて決まる。当然、スキルをもったエンジニアが育ったとしても、次々とベンダーに移っていく。一方で、海外では、ベンダーであろうが、自動車産業であろうが、小売業であろうが、同じ仕事をするエンジニアは同じ水準の給与をもらう。

では、仕事の多くをベンダーに任せている情報システム部は、何をしているのか？

予算の割り振りをベンダーと話し合って決めたり、業務部門の要望をベンダーに伝えたり、あとは最小限の運用業務ぐらいだ。

したがって、企画業務をしているといっても、多くをベンダーに頼っている。もちろん、ベンダーに頼り切りではいけないと努力する企業もあるが、新しいテクノロジーの導入を検討する機会が訪れると、情報も経験も乏しいため、ベンダーの言うことに従うという楽な道に流されがちだ。

しかし、当のベンダーもスキル不足に悩まされている。顧客企業のレガシーシステムの保守を行うスキルをもつ要員を確保しながら、新しいテクノロジーや新しいタイプのソフトウェアに対応しているエンジニアの育成は追いついていない。単純に選択肢が多すぎるのだ。

ところで、悪いのはIT部門だけではない。業務部門にも大きな問題がある。

業務部門がパッケージシステムに業務を合わせることを拒み、独自のやり方を変えようとしないことが、自社専用のシステム開発の量を増やすのだ。それでいて、「システムのことはわからない」という言い訳（実際は、単に興味がないからやりたくないだけで、中途半端にわかってしまうと、そればかりやらされることになるため）で、すべて情報システム部に丸投げしてしまっているのだ。

そうして本来業務部門が行うべき要件定義まで、IT部門に押し付けるのだ。業務量が増えれば、IT部門は、自社開発の体制をつくったとしてもとても手が回らないことは明白だ。IT部門が業務量的にできることは、業務部門とITベンダーの間を取りもつことしかないのだ。

このような理由で、多くの企業のIT部門は、自社開発をする機能を失うどころか、情報戦略から全体のシステム企画、それぞれのプロジェクトのプロジェクト管理に至るまでの多くをITベンダーに丸投げせざるを得なくなっている。

5. パッケージにカスタマイズしてしまった

70頁で説明した通り、多くの日本企業は、パッケージシステムをそのまま使うのではなく、自分たちの業務のやり方を変えなくてもいいように、パッケージシステムをカスタマイズしてしまう。

これはもしかしたら、非効率なものを見ると効率的に直したくなるという気質を、日本人がもっているからなのかもしれない。とにかく、身の回りの非効率なものは、効率化して楽をしたいという癖だ。それが、日本の製品やサービスの品質を世界一に高めている原動力とも言える。しかし、効率化を考えるときの価値観は、あくまでも歩留まりを減らす、ボトルネックを減らす、待機時間を減らす、同じことを何度もやり直すのを減らす…といったものであり、個別最適であることが多い。

しかし、効率化を考えてパッケージシステムに手を入れてしまう人たちは、長期的なことまで考慮していない。それは、いま何が起こっているのかを見れば、明らかだ。

「セキュリティパッチを当てなくてはいけない」

「OSのサポート期限切れに個別に対応しなくてはいけない」

「オン・プレミス（自社専用のサーバ設置スペースをデータセンターに確保して、自社専用環境を維持・運用する。オンプレと呼ばれる）からクラウドやSaaSへの変更」

「Apache から Node.js への Web サーバ OS の変更」

「外部マイクロサービスへの Webhook での接続」

「マイクロサービス化による外部からの接続開放」

このように時代の動きに合わせたバージョンアップを、個別に対応し、カスタマイズをしていなければならない。パッケージのバージョンアップや契約変更だけで済んだものが、大量の時間と資金を費やさなくてはできなくなっている。

それによって失ったものはとても大きい。何よりも、企業の機動力が失われ、国際競争力を失う原因となっており、急速にその差は開く一方だ。効率化を優先してパッケージにカスタマイズを入れた担当者は、そこまでのことを考えていただろうか？

ベンダーは、カスタマイズが多ければ多いほど、売上が増加するため、そこまでわかっていたとしても（おそらく、そこまで洞察できていたベンダーもいないと思うが）、強くは言わない。当然のことだ。

第 **3** 部

デジタル化
社会への
移行戦略

Chapter 10 デジタル化社会に生き残るための移行戦略

　第1部では、ビジネスの環境がガラガラと変わっている状況と目の前の課題にどのような変化が求められるのか、について説明した。ニュースでは断片的に目にする事象も、つなげてみないと全体的な流れが見えてこない。日常のビジネス課題に日々頭を悩ませて、解決策を探っていても、大きな潮流には気づかない。海でサーフィンや浮き輪で遊んでいると、いつの間にか潮に流されて、元にいた岸が見えなくなるほど離されてしまうようなものだ。

　大小さまざまな波を乗り越えて目的地に向かって進んでいるが、スケールが大きすぎて目に見えないほど大きな潮流が、船の動力の数千倍、数万倍もの力をもって、船を翻弄しているのが、伝統的企業が置かれている状態だ。

　大きな流れには、少なくとも以下の3つある。
① さまざまなテクノロジーの指数曲線的な進化と、その組み合わせが、これまでの「不可能」を「できてあたりまえ」に変えていく流れ
② スマートフォンとクラウドサービスが促進するデジタル化の流れ
③ 世界的に貧富の差が拡がる中で、富裕層の膨大なカネ余りが生んだ新しい資金調達方法

　これらの3つの潮流が重なり合い、絡み合うことで、社会構造を大きく変えている。
　ビジネスとは、誰かの課題を解決することだ。したがって、社会構造が大きく変わり、それによって人々が抱える課題も変わると、これまでのビジネスで解決できる課題はなくなるか、少なくなる。そして、新しい課題を解決できるビジネスだけが生き残る。だから、企業は新しい課題を解決できるビジネスに乗り換えない限り、生き残れない。その新しいビジネスを、デジタルの力をテコにして、創り上げていくのがDXだ。
　すでに成功しているデジタル・ネイティブ企業たちの勝ちパターンは、固定費と限界コストを極限までそぎ落とした財務構造をもつビジネスを、グローバルに展開することだ。その上で、顧客体験価値を高め、ネットワーク効果をうまく取り入れて、急成長する。これらを、デジタル化により生まれる9つの力を利用することで、実現している。
　ここまで各章の中に、課題解決のヒントになる要素を散りばめてきた。
　しかし残念ながら、表面的、あるいは部分的にそれを適用しようとしても、うまくいかない可能性のほうが高い。その大きな原因の一つが第2部で説明した情報システムの課題だ。既存

のビジネスは、さまざまな「しがらみ」にがんじがらめに囚われているため、それを変えるというアプローチは、圧倒的に効率が悪いからだ。労多くて益少なし、である。

したがって、第3部では、異なるアプローチを提案したい。

1. 新会社で廉価版事業を立ち上げて、元の事業と競合させる

既存のビジネスを変えるよりも、いまのビジネスをゼロベースでつくり直すほうが、はるかに簡単だ。これには、さまざまな反論と抵抗が予想されるが、これよりも低資本で安くDXを行える方法があるなら、皆、こんなにも悩んでいないはずだ。

この方法に対する反論とは、以下のようなものだろう。

①　いまの事業と競合してしまい、既存事業の売上が下がり、量産効果が激減する。
②　新しいビジネスも、既存事業が失う分を埋めるだけの売上はない。
③　いまのお客様が混乱する／迷惑がかかる。
④　いまの取引先が混乱する／迷惑がかかる。
⑤　うまくいくわけない。
⑥　そんなものは認められない。

これ以外にも、反論は出てくるだろう。人は変化を嫌うし、できれば責任も負いたくないものだ。よって、その気持ちは否定しない。その感情にしたがって、いまの事業と一緒に心中したいのであれば、これから先は読み飛ばしてもらって構わない。

いまの事業の廉価版をつくるという事例はいくらでもある。例えば、NTTドコモのahamoがそれだ。店舗での申込みやさまざまな手続きを廃止して、ネットで完結することで、低コストを実現し、顧客への提供価格を大幅に下げることにチャレンジしている。後に、高齢者にとって不公平だというクレームに屈して、プラスでお金を払うことで店頭での手続きも可能なオプションサービスを追加したが、それでも以前のサービスを続けるよりも低コストなはずだ。

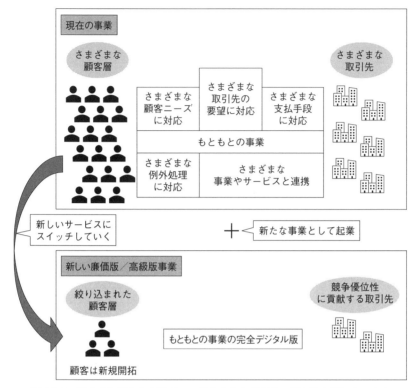

図 10-1　過去のしがらみを捨て、スリムな完全デジタル版事業を新しくつくる

　しかし、これは総務省からの料金を下げろという圧力に屈した形で始まったという経緯から、ユニバーサルサービス（広く平等に提供すべき公共サービス）としての印象があるから、しぶしぶでも従わざるを得ない中での苦肉の策だったのだろう。

　こういった抵抗を防ぐためには、別ブランド・別サービス名で始めるのではなく、新会社を立ち上げて実施するに限る。社員も出向ではなく、異業種から新たに雇用することで、ゼロベースで立ち上げるのだ。ド素人だからこそ、革新的な方法が生み出せる。イーロン・マスク氏の Tesla 社や Space X 社が良い例だ。

　そして、既存事業と競合するのは当たり前だ。顧客を奪われることがあるならば、それは、奪う側のサービスのほうが顧客の課題により多く応えているからだ。新しい廉価版事業を成長させ、既存事業を駆逐してこそ、取り組む意味があ

る。他社に滅ぼされる前に、自社グループの中で競争し、もっとも強い事業を残すのだ。

　新しい会社に必要なのは、デジタル・ネイティブ企業の勝ちパターンにしたがって、固定費と限界コストを極限までそぎ落とした財務構造をもつビジネスを構築し、グローバルに展開することを意識する。その上で、顧客体験価値を高め、ネットワーク効果をうまく取り入れて、急成長する。これらを、デジタル化により生まれる9つの力を利用することで、成長をさらに加速させることだ。

　既存事業に残された従業員や顧客、さまざまなしがらみを、少しでも慮る余裕があるなら、新しいビジネスの顧客により高い価値を提供することに神経を集中すべきだ。

　業種によらず、グローバルに展開することを意識しなくてはいけない。グローバル企業は思わぬところから攻めてくるからだ。グローバル企業とローカル企業とでは、資本力で圧倒的な差がつく。

　Ahamo の例で言えば、電波は総務省の認可がなければ使えないが、さらに低価格で提供するグローバル企業があれば、総務省はそこに認可を与える可能性も否定できない。地球上を人工衛星で囲み、高速インターネット・サービスを提供する Space X 社のスターリンク構想は、現状インターネットにアクセスできていない世界の辺境の地に住む 40 億人に対しても、インターネットを提供するプロジェクトだ。

　　「彼らが利用できる料金は月額いくらだろうか?」
　　「日本の 1 億人に対して提供するサービスが、グローバルに 80 億人へ提供するサービスに対して、価格競争力があるだろうか?」
　　「地上に何千万基もの 5G アンテナを立てるのと、1 万 2 千基の人工衛星を打ち上げるのとでは、どちらが多くのコストを必要とするだろうか?」

　グローバル展開を意識する必要がある理由は、このようにグローバル競争になる前提で物事を考える必要があるからだ。

2. 新しい世の中の課題を解決する

　新しいテクノロジーが、世の中の不可能を次々と可能にしていくことが期待されている。これまで解決できなかった課題も解決できる方法が見つかるかもしれない。そういった課題を解決することができれば、そのビジネスは世の中に支持される。つまり、利益が出て、ビジネスとして成立するようになる。

　例えば、砂漠や乾燥地帯での生活用水が不足している問題を解決するための技術は、すでに実用化されている。

　Tesla 社に買収された Solar City 社の CRO（Chief Revenue Officer）だったヘイズ・バーナード氏は、GivePower という NGO をつくり、Tesla 社のソーラーパネルとバッテリーを利用して、海水を浸透膜で処理して飲料水をケニア、コンゴ、ネパール、ハイチ、ニカラグア、コロンビアなど世界各地の貧困エリアに提供している。

　カリフォルニアを拠点とする Skysource 社は、大気から 1 日あたり 2,000 リットル、つまり 200 人分の水を抽出する技術を開発した。再生エネルギーを利用するために、1 リットルあたりわずか 2 円のコストで飲料水を生産できるという。

　世界の陸地の約 37％で、淡水資源の 75％が農業に使われている。世界中で水不足に苦しめられている人たちは、水がなかったのではなく、農業に淡水を奪われた結果、井戸が枯れて、遠隔地まで水を求めて移動しなくてはいけなくなったのだ。そして、これらのうち、89％が牛肉と乳製品に使われていて、それ以外の作物は、その 1/9 でしかない。

　つまり、世界的に牛を育てることを禁止すれば、農地の 9 割は森林に戻すことができ、水不足も一気に解決するということだ。牛を育てることを禁止しなくても、牛肉のニーズを減らすことはできる。細胞培養肉や植物由来の肉が期待されているのは、そういった理由だ。不要になった農地の一部を住宅地として、そこに 3D プリンタで安価な住宅を次々と建てていくことで、すべての家族が雨風を防いで安全かつ衛生的に暮らせる住宅に住むことができるようになる。

　世界の貧困格差を改善するためには、子どもたちの教育格差を失くすことが一つの近道だ。そして、前述の Space X 社が進めているスターリンク構想は、そ

れを解決する大きな一歩だと期待されている。80億人全員がインターネットにアクセスできるようになれば、誰でも必要な情報を得るために、検索したり、SNSで誰かに尋ねたりすることができるようになる。インターネットで仕事を請け負うことで、食糧自給が困難で、仕事のある都会まで移動に何日もかかる辺境の地に暮らす家族が、収入を得ることができるようになる。もちろん、そういった環境にいても、スキルを身につけられるかどうかは別として、少なくともスタート地点には立てるようになる。

　日本環境設計というベンチャー企業は、プラスチックを微生物の力を借りて分解することで、元の石油に戻すことができるプラントを開発した。すでに世界中のH&M社やAdidas社をはじめとしたアパレル・チェーンで、回収ボックスが置かれていて、いまはフランスに同様のプラントを建設中だという。

　プラスチックの回収コストは未だ課題として残っているが、これからは廃棄ではなく再利用が注目されるのは間違いない。地下資源を掘り出さなくても、すでに掘り出されて地上で使い古されているものを集めて再利用することが当たり前になる時代がくるかもしれない。

　もっと身近な課題も解決されていくだろう。自動運転車は、クルマがなくては生活ができないような地方において、自動車運転免許を返上した高齢者の移動を助けてくれる。過疎地で老朽化した道路やトンネル、橋梁を修復する予算は、い

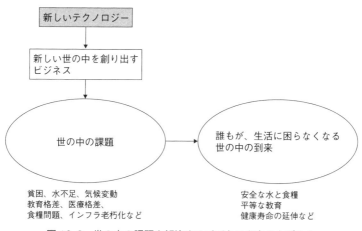

図10-2　世の中の課題を解決するビジネスを立ち上げよう

まの日本にはないが、空飛ぶクルマであるパッセンジャー・ドローンは、それらがなくても移動できる手段を提供してくれる。

スマートウォッチが汗の成分を分析することで、これまで血液検査でしかわからなかった血液成分を24時間365日毎秒測定し、クラウドにデータをアップロードする。各住宅に設置されたハイパースペクトルカメラの鏡が、家族の輪切画像を毎日撮影し、クラウドにアップロードする。そうしたデータをAIが分析することで、命に影響する病気はすぐに治療を開始することができる。食べ物や薬が、口に入れてから、どのくらいの時間で血液成分にどのように変化を与えるかを知ることで、治療の効果をすぐに評価することもできる。

もし、あなたの会社が、このような取り組みに一役買うことができるとしたら、ぜひ取り組むべきだ。もちろん、このように大きな課題を解決できないとしても、気にすることはない。

3. 資金調達の選択肢を広げる

これまで企業が資金調達する方法は、スタートアップであれば自己資金や知り合いからの出資くらいしかなく、既存の未上場企業であれば、銀行借入が中心で、その他に私募債や株式引き受けによる出資受入れ、上場企業であればそれらに追加して、社債の発行や増資によるものくらいしか選択肢はなかった。

未上場企業が私募債の発行や出資受入れをしようとしても、知人ベースのため、あまり多くの資金を集めることは難しい。銀行借入に至っては、不動産などの担保がないと貸してもらえず、本来法人と個人の財産は切り離されていないと、法人の意味がないのだが、政府系金融機関であっても、同一のものとみなし、社長個人に無限責任が発生していた。上場企業の場合は、もう少し緩やかではあるものの、新しい事業への投資に対しての融資には銀行は消極的だ。

しかし、最近では、資金調達の方法は幅が広がっており、より多くの資金を調達しやすくなっている。

例えば、投資型クラウドファンディングやソーシャルレンディングといった、**未上場であっても、一般から資金を公募する**ことができるしくみが普及しつつある。クラウドファンディングは、スタートアップの資金調達に有利であるが、既

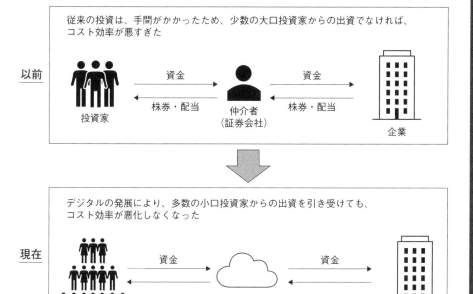

図10-3　デジタル化の恩恵で、多数の小口投資家による投資のコスト効率が改善

存事業であっても、上場／未上場によらず、新規事業への資金調達方法として活用できる。米国では、5億円（500万ドル）までの資金の公募をクラウドファンディングで調達できるようになっている。日本でも発行総額は1億円という上限がある。

　一方で、ソーシャルレンディングは、倉庫や太陽光発電所等の新規の設備投資資金や不動産開発などで利用されることが多い。これは、借入の一種で、銀行よりも利息は高いものの、借入のハードルは低い。融資であるため、期限内の元本および利息の支払が見込める投資案件に限られる。

　また、SPC（特別目的会社）やTMK（特定目的会社）を利用して、投資家から資金調達をするという方法もある。この場合、動産・不動産という目に見える資産を投資家に間接的に買ってもらうことになる。投資家はSPCまたはTMKを通して出資・購入した資産から得られる利益を配当として受け取るしくみだが、もう一つメリットがある。

それは、投資対象のSPC・TMKの税金が、税制上パススルー課税となって、投資家に課税されるため、投資家は投資対象資産の減価償却を持分に応じて経費計上できるといった、節税メリットがあることだ。

　この資金調達方法を採用する企業にとっては、自社のバランスシートに計上されない（固定資産ではなく、固定費でもない）という利点がある。

　つまり、SPC・TMKの資産を借りて、サービス提供し、そこで得た売上から、資産の利用料をSPC・TMKを通じて、投資家に還元するというスキームであるため、売上が発生しなければ費用は発生しない。もちろん、十分な売上見込みがなければ、投資家に投資してもらえないが、有形資産をベースにしたビジネスにおいてもデジタル・ネイティブ企業と同じような財務構造をとることができる。

　このSPC・TMKを使った資金調達は、これまでのところ、不動産や航空機のオペレーティングリースで使われているが、今後は3Dプリンタや自動運転車などにも利用できるだろう。

　次に、スタートアップの資金調達方法としては、シリコンバレー流のインキュベータやVC（ベンチャーキャピタル）に出資してもらい、資金だけでなく人的資本を支援してもらいながら、事業を成長・拡大させていく方法がある。

　第5章で紹介したように、創業10年未満ですでに企業価値が10億ドル以上の未上場企業（つまりユニコーン企業）は、短期間で急激に増えている。しかも、この企業価値には、銀行融資の条件となる担保どころか、上場企業に求められる売上高の大きさや利益といった実績値による裏付けはない。

　これは、貧富の差が広がった結果、富裕層のお金がダブついているからだ。彼らは、当然資産を遊ばせておくことはせず、一定以上の利率で運用する手段を探している。しかしながら、保有している余剰資金の金額が大きすぎて、何に投資しても大きなリターンが得られないというジレンマを抱えている。だからこそ、保有している資産の一部を、有望なスタートアップに投資する。

　孫正義氏のソフトバンクグループをイメージすればわかりやすいだろう。彼は、まだ創業したばかりのYahooやAlibaba、Uberなどの企業に出資をしたからこそ、いまの規模まで成長できた。そして、サウジアラビアなどの王族が、ソフトバンクのビジョンファンドに投資するのは、その彼の手腕によって高い利率で運用してもらえると期待しているからだ。

　また、コロナによって世界中の中央銀行が新たに紙幣を刷りまくっている。日銀のマネタリーベースは、2020年3月の508兆円から2021年3月は613兆円へ100兆円（20%）以上も増えている。ECB（ヨーロッパ中央銀行）のマネタリーベースは、2020年1月の421兆円から2021年4月には737兆円へ316兆円（75%）も増加している。さらにFRB（米国の中央銀行）のマネタリーベースは、2020年2月の345兆円から2021年3月の584兆円へ239兆円（70%）も増加している。

　さらには、バイデン大統領が、2021年3月に1.9兆ドル（210兆円）の資金を国民への給付金として配布を決定したが、同月末にさらに2兆ドル（220兆円）のインフラ投資計画を発表。翌4月末には、1.8兆ドル（200兆円）の子育て世帯支援と、合計600兆円もの投資を発表している。この資金はどこから調達されるかというと、一時的にはFRBが紙幣を発行して、新たに発行される米国債を購入することになる。

　このように、日本だけでなく、欧米の中央銀行が、これまで世の中に流通していた通貨の70%に相当する金額を市場に供給しているが、貧富の差が広がっている現状では、このほとんどが上位の富裕層に集まると言われている。世界的に貧富の差が拡がる中で、富裕層の間での膨大なカネ余りが、スタートアップへの投資をさらに推し進める傾向にある。スタートアップが手にする投資資金は、ま

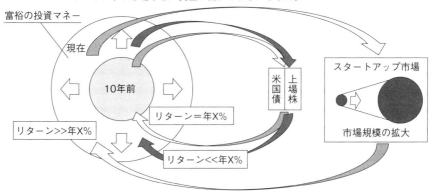

図10-4　富裕層の運用先の全体像

すます大きくなっていき、投資資金を得やすい状況になっていくに違いない（図10-4）。

　大企業であっても、新しい事業を行う際に、1000億円規模の投資を受けられるのはありがたいはずであり、こういった資金調達のしくみも検討していくべきだ。

4. より多くの顧客の課題を解決するビジネスをつくる

　ユニコーン企業のように売上や利益のない段階から大きな資金を調達するには、何が必要だろうか？　連続起業家（シリアル・アントレプレナー）のナヴィーン・ジェイン氏が語った言葉が興味深い。

　　　「10億人単位の人間に影響を与えるビジネスならば、勝手にお金が集まってくる」。

　彼は、ニューデリー出身のインド人で、インドで経営工学を学んだ後、MBAを取得して、米国に留学した。その後Microsoft社でマネジャー職に就いた後、1996年にサーチエンジンのInfospace社を創業。1998年にNASDAQへ上場したが、ネットバブルが弾けて2002年に会社を去った。その後複数社を起業した後、2010年にMoon Express社を創業。民間企業で月に着陸する許可を得た最初の企業になった。その後、世界から慢性疾患をなくすというミッションで、Viome社を創業し、ロスアラモス研究所（長崎・広島に投下された原爆を製造したところとして有名）の微生物に関する研究成果を民間で優先利用できる契約を結んだ。

　ジェイン氏によれば、これまではスタートアップ企業は投資家に選ばれなくてはならなかったが、10億人単位の人間に影響を与える可能性があれば、立場が逆になると言っている。実際に、このViome社には、名だたる製薬会社や食糧メジャーが出資を持ち掛けてきていて、どこからの出資を受け入れるか選択する立場になっているそうだ。

　Tesla社は、世界中から化石燃料をなくすというミッションで創業された。当時、ガソリン車を廃してEVが主流になるなど、誰もが冗談だと思っていた時代に、彼は出資を集めて、それをやってのけた。Space X社も、民間がNASAの

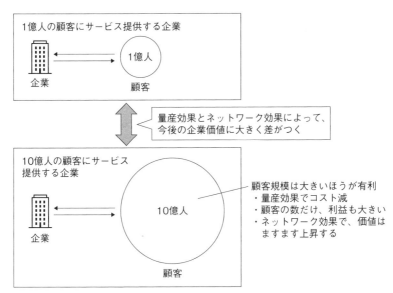

図 10-5　より多くの顧客を解決するビジネスが生き残る

代わりにロケットを製造し、火星に行くという、とんでもないビジョンだったにもかかわらず、大きな投資が集まっている。

　本書では、これまで「グローバル」を強調してきた。それはグローバル展開しているほうが、ローカル企業では歯が立たないほど、はるかに大きな資金力を得られるために、競争力を高められるという理由だ。そして、それは利益を出す力だけではなく、利益を出すはるか以前であっても、呼び込める投資資金の大きさが違うからだ。

5. 顧客体験をデザイン思考で考える

　これからのビジネスは、いかに顧客に最高の体験をしてもらうかにかかっている。これは、何もすべてのビジネスにディズニーランドのような感動と驚きを提供すべきと言っているのではない。むしろ、顧客が目的を達成するために生ずる煩わしさをなくす方法を考えたことで、既存事業を駆逐していったデジタル・ネイティブ企業は多い。

例えば、NIO 社はクルマを保有している顧客が潜在的に抱えている煩わしさを排除して、顧客の支持を得ている。彼らが提供している車両が EV でなかったとしても、整備のために自宅に車両をピックアップして、整備後に戻してくれるといったサービスは、ありがたいものだ。誰でも思いつきそうなものだが、始めたのは NIO 社が最初だ。

　新車を購入すると、たいていオプションでカーナビがついてくるが、そんなものより、スマートフォン端末をダッシュボードに据えつけられるホルダーのほうが、ずっと気が利いていると思わないだろうか？　レンタカーやカーシェアも同じだ。カーシェアでクルマを借りていつも困るのは、そのホルダーがついていないことだ。代わりに、使い勝手が最悪で、予定到着時間が誤っていて、さらには遠回りをさせられるカーナビが、ど真ん中に居座っている。

　なぜ、世の中のカーナビは、Google マップや MaaS アプリのような検索機能がないのだろうか？　行先を設定するのに 3 分も 5 分も費やさなくてはならないままで、なぜ良しとしているのだろうか？　Google マップや iPhone に初期インストールされているマップであれば、行先の設定は数秒で済む。その上、Google マップのナビは、開通したばかりの道路や、通行止めなどが反映されているので、遠回りをさせられることは滅多にない。さすがだと思うのは、Tesla 社だ。初期モデルからダッシュボードの目立つところに大きなタブレット PC が埋め込まれていて、Google マップが使えるようになっている。

　日本でもようやく普及し始めたスマートフォンの QR コード決済だが、中国ではずいぶん前に WeChat Pay と Alipay が導入され、世界中でその決済方法が模倣された。しかし、QR コードを発明したのは日本のデンソーということはご存じだろうか？　日本でも、そういった決済方法を考えることはできたはずだが、できなかったのは、FeliCa という非接触型 IC カード技術に溺れたからだ。QR コード決済は、生活者にとっても、店にとっても、低コストで、支払時の煩わしさや、現金を扱う煩わしさを省いてくれた。日本は、このようにハイテクに溺れて、負けることが多い。

　1990 年代のハイビジョンテレビでも、日本ではアナログ方式にこだわりすぎたために高価であった。しかし、欧米は早々にデジタルハイビジョン方式を標準として採用したため、かなりの投資が無駄になっている。いまとなっては、デジ

タルにしなかった理由がわからないほど、正しい判断ができなかったのだ。

　以上のような例は、枚挙にいとまがない。しかし、これまでの常識に囚われているわれわれは、なかなかそういったことが思いつかないし、思いついても、実行に移すのは勇気がいるものだ。そこで、顧客体験をデザインする手法が取りざたされた。それが**デザイン思考**だ。これは、決してスマートフォンアプリの画面操作が使いやすいように考えることだけではないし、Apple 社の Macintosh や iPhone の優れた操作性をデザインすることだけでもない。人間工学的、あるいは社会学的に、皆が煩わしさを感じずに自然に目的を達成できるように、商品やサービスを設計するのが、デザイン思考なのだ。

6.　クラウドファンディング vs テストマーケティング

　これまでの常識では、企業は新製品や新サービスを開発するために、時間をかけて消費者のニーズを探り、確認する。アンケートやグループインタビュー、あるいはモニター調査といった方法で、意見を収集する。そして、本格的に市場に出す前に、限定的な市場でテストマーケティングを行う。

　例えば、スナック菓子の新商品のテストは、長野県や北海道でまず試験的に発売されるといった具合だ。そして、良い結果が出れば、全国で発売ということになり、あまり結果が芳しくなかったら、そのままお蔵入りということもある。

　勘の良い人なら気づいたと思うが、テストマーケティングを行うときには、すでに大規模な生産設備が用意され、大量に生産されているため、お蔵入りになると、そういった設備にかけた準備がすべて無駄になる。

　Google や Facebook などのデジタル・ネイティブ企業は、新しいサービスは完成する前に発表し、ユーザーに利用してもらう。αバージョンやβバージョンとして、不完全であることを宣言しながら、80 点くらいのものをリリースし、少しずつ 100 点に近づけて修正していくのだ。多くのユーザーに利用されていたら成功で、次にマネタイズを考える。

　しかし、最近は、**購入型クラウドファンディングを使って、開発前にユーザーに販売する**という手法が**一般化**しつつある。クラウドファンディングは、困っている人を助ける呼びかけをしたり、何かをする際に資金的に応援してもらったり

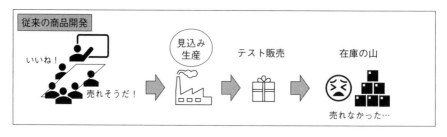

図10-6　クラウドファンディングによる商品開発

する場合に使われていたが、最初のきっかけは、ミュージシャンがCDを出すための資金をファンから募るために生まれたと言われている。当時は、ミュージシャンが新作のCDをレコーディングして、大量に印刷し、多くの費用がかかった。また、CDショップで販売するために、通常はレーベルというレコード会社を通さなくてはならなかった。それを、レーベルを通さずにやろうとすると、一般的なCDショップに置いてもらうためには、1店舗ずつ回って交渉する必要があった。

　しかし、インターネットを利用してファンに直接呼びかけることで新曲CDを事前に販売し、その売上（前受け金）を使って、レコーディングをしてCDを作成し、購入してくれたファンに届けたのがクラウドファンディングの始まりだ。

　新しい商品やサービスをつくる場合にも、同じやり方をすればいい。新しい商品やサービスのコンセプトと、それを利用することでどんな世界が待っているのかを訴えることで、前売りするのである。そのコンセプトが世間に受け入れられなければ、止めればいい。そこで止めても、失うものはコンセプトづくりの時間と、Webサイトの制作費くらいのものだ。もし、ある程度の買い手がついたとしたら、それなりに需要があるということの証明になる。

　そして、一定数の購入者のために、コンセプト通りのものをつくり、購入者に
提供して、フィードバックをもらう。この最初の購入者たちは、イノベーター理
論のイノベーター（革新者）に相当する。そして、イノベーターからのフィード
バックを基に改善して、また使ってもらうことを繰り返して、徐々に良いものに
仕上げていくのだ。

　このやり方の良いところは、イノベーターを早期に認識することができる上
に、イノベーターとともに製品・サービスを開発していけることだ。イノベー
ターたちは、自分の意見が製品・サービスに反映されることを実感することで、
自分の子どものように感じ、熱狂的なファンになってくれ、周囲の友人に広めて
くれるインフルエンサーにもなってくれる。

　このように考えると、現在では、新しい製品・サービスを開発するときには、
クラウドファンディングを活用するのがベターな選択だろう。

Chapter 11 情報システムをどう変えていくか

ビジネスの次は情報システムだ。情報システムの役割は、ビジネスモデルをデジタルでサポートすることだ。難しいのは、これまでやってきた仕事のやり方をデジタル化するのとは異なり、新しいビジネスモデルを実現するために上手い活用方法を考えながら、組み立てるというミッションが与えられているところだ。

もちろん、最初はこれまでのやり方をデジタル化するところから始めても効果がないわけではない。それでも完全デジタル化ができるなら、第5章9節で述べた通り、デジタル化することで9つの効果を享受できるからだ。

しかしながら、そうであっても、ビジネス環境の変化についていくためには、そういった構造になっていないといけない。具体的には、第9章で述べたようなことが要求される。

しかし、それを言うのは簡単だが、じつは難しい。特にレガシーシステムを抱えている既存企業が、理想的な情報システムに入れ替えるのは、ほぼ不可能だ。そうかといって、ゼロからすべてつくり直すだけの時間も予算もないはずだ。では、どうするべきだろうか？

1. データをつなげると価値が出るという誤解

DX というと、**多くの人がデータをつなげれば、AI の恩恵を受けられるとか、顧客の気持ちが手に取るようにわかるようになり、売上が上がるといった、幻想を抱いている。**

ほとんどの B2C 企業が、現在の業務で発生するデータをつなげてわかるのは、人々の生活の一側面だけだ。楽天のように、あらゆる事業をもち、一つの顧客 ID でつなげて分析すれば、ある程度の生活は透けて見えてくるかもしれないが、それでも、すべての消費活動を楽天で完結できるわけではない。IoT や AI のデータも、中国共産党のように、屋外カメラからスマートフォンによる通信内容、QR コード決済の利用履歴、通信中継機器を通過する情報にいたるまで、国

図 11-1　一企業が保有するデータを活用しようとしても、ほとんど価値はない

民生活すべての情報を集められれば、人々の生活は見えてくるだろうが、日本の企業が同じことをするのは不可能だ。

　もちろん、現在の業務データに加えて、IoT データを効果的に取得すれば、意味のある情報は得られるかもしれない。しかし例えば、家の室内に張り巡らされた IoT センサーと、家庭の電化製品すべてに搭載された IoT センサーが、それぞれの機器の利用状況（エアコンの ON・OFF や設定温度、テレビのリモコンの操作履歴、部屋のどこを移動して、いつ寝て、いつ入浴して、いつ食事をしたかなど）をすべて詳細に知ることができるようになったところで、その家の人々のニーズを理解して、彼らが欲しがる製品・サービスを提供することができるのだろうか？

　毎月の電気やガスの消費量から、適切な料金プランを提案するとか、見ているテレビドラマに出ている俳優が着ていた服を提案するとか、そんな程度のことしかできないのではないだろうか？　ニーズをすべて理解できたとしても、そのニーズに応える製品・サービスを生み出すことができる企業は限られているだろう。

　では、データをつなげる意味がまったくないかというと、そうでもない。ウェアラブルデバイスで血液成分の測定ができるようになったり、ハイパースペクトルカメラで身体の輪切り画像を毎日測定して、AI が画像分析するようになれば、健康寿命を延ばせる。

　Tesla 社のように、すでに販売された車両が搭載しているセンサーやレーダー、レーザー測定器等が、車両を取り巻く環境情報と、車両の状態（スピードや加速等）、運転操作（アクセルやブレーキの踏むタイミング、踏み具合、ハン

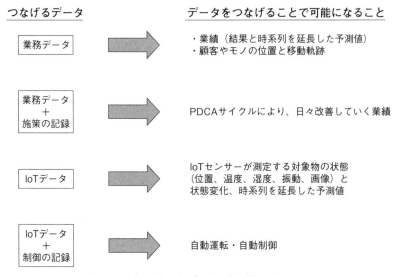

つなげるデータ		データをつなげることで可能になること
業務データ	→	・業績（結果と時系列を延長した予測値） ・顧客やモノの位置と移動軌跡
業務データ ＋ 施策の記録	→	PDCAサイクルにより、日々改善していく業績
IoTデータ	→	IoTセンサーが測定する対象物の状態 （位置、温度、湿度、振動、画像）と 状態変化、時系列を延長した予測値
IoTデータ ＋ 制御の記録	→	自動運転・自動制御

図11-2　データをつなげると、何が得られるのか？

ドル操作の履歴など）の情報とともに、クラウドに上がり、AIが分析・学習することで、完全自動運転が実現する日が近づくようになる。

　そう考えてみると、考える順序は逆だということがわかる。つまり、「**誰のどんな課題を解決するために、どのような情報が必要で、それをどうやって取得するのか**」という順番でデータを集めなくては意味がない。「冷蔵庫に入っている材料で、美味しい料理がつくれる」というようなことは、データをつなげても起こらないのだ。

　少なくとも現場で起きている事象を基に、将来の業績を予測し、その業績をさらに良くするために、どのような施策を取れば良いのか？　というPDCAサイクルを回すしくみや経営ダッシュボードは必要だ。

　ただ、これは日次決算やアメーバ経営が根づいている企業では、すでにできていることでもある。企業のマネジメントには必要不可欠だが、ビジネスモデル変革を助けることにはならない。

　もちろん、ビジネスモデルが変わるたびに、新しいビジネスモデルでの業績をマネジメントするためのシステムが追加されることになる。

2. ゼロから始めてシンプルにつくる

新しいビジネスをつくる場合、既存事業の廉価版をゼロからつくる場合、既存
事業のシステムを更改する場合、いずれの場合でも当てはまることだが、大原則
として、**これからのシステムは複雑にすべきではない**。システムが複雑になると
いうことは、機能が複数あったり、条件が複数あったりするからで、それだけ業
務に手間がかかることを意味する。さまざまなニーズをもった顧客に幅広く対応
しようとするからそうなる。

オンライン販売サイトを例に取って考えてみよう。ユーザーは欲しい商品を
カートに入れて、決済する際、クレジットカード決済や銀行振込、コンビニ振込
などいろいろな選択肢がある。これらすべてに対応することが求められることが
多いが、これらは、まとめて一つの機能をもっている決済サービスを使うことで

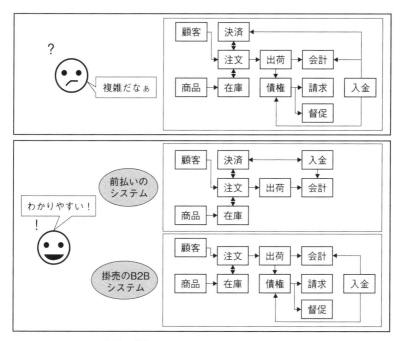

図 11-3　複数の機能を一つのシステムに盛り込むと複雑になる

177

複雑性をなくすことはできる。ただし、それでも入金タイミングが異なる決済手段を許すと、経理処理は複雑になる。

　しかし、例えば先に商品を出荷し、請求書を同梱し、その請求書に対して月末までに振り込んでもらうといった、掛売りを望むお客様が一定数いるとしたら、どうだろうか？

　決済機能を改修するという選択肢もあるが、そういった機能追加が積み重なると複雑になり、将来のレガシーとなりかねない。前受金ではないために、売掛金の管理と督促状の発送やコールセンターからの催促業務、債権管理業務が増えることになる。会計システムに連携する際の仕訳処理も異なる。

　むしろ通常のECサイトと、掛売りのオンライン販売サイトはそれぞれ別にシステムを用意することで、よりシンプルになる。そもそも、掛売りはB2Bであるから、顧客体験も異なる可能性が高い。

　一つのシステムで何でもできてしまうと、その中で異常が発生したときに、その原因を追うのがとても難しい。システムというものは、多かれ少なかれ、ブラックボックス化して、中身が見えなくなるからだ。

　一方で、はじめから異なるシステムにしておけば、煩雑に感じるかもしれないが、異常が発生したときに、その原因を追うのはとてもシンプルだ。異常が発生

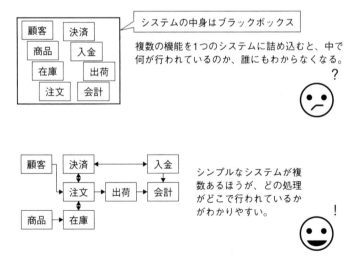

図11-4　ブラックボックス化しがちなシステムの中身はシンプルが良い

したシステムで処理されている業務だけを疑えばいいからだ。

「机の引出しの中に何でもかんでも放り込む」のか？「いくつかの小箱を使って区分けして整理して収納する」のか？　の違いだ。

シンプルなシステムは、コストがはるかに低くなる。例えば、自由度が高いからとワードプレスを使ってホームページをつくると、めったに使わない機能が多すぎて、メンテナンス要員がそれを使いこなすようになるにはハードルが高くなる。

しかし、ペライチのようなシンプルなホームページを作成するサービスを使えば、できることは最小限だが、すぐに使いこなせるようになるし、メンテナンス要員の調達が容易になる。

3. 競争優位性に関係のないものは、借りてくる

情報システムを検討する場合に気をつけてほしいポイントは、**その業務に競争優位性があるのかどうか**だ。日々工夫を積み重ねることで、より多くの顧客を取り込める可能性は高められる。

しかし、その工夫によって、システムに変更が発生するのであれば、よく考え直したほうがいい。特に、消費財やコモディティを取り扱っている業務では、商品での差別化が難しいが故に、より多くの売上を上げるために、さまざまな努力が行われる。そうして、きめ細かなサービスや、ユーザーに寄り添ったサービスで、自店舗を選んでもらおうとする。

ただし、それ自体は素晴らしい考え方だが、粗利が薄いビジネスで、余計な経費をかけたら儲かるものも儲からなくなることを忘れがちだ。きめ細かなサービスやユーザーに寄り添ったサービスを提供するために、どのような業務がどのくらい増えて、あるいはシステムにどれくらいの追加費用がかかる（初期費用だけではなく、ランニング費用や、システムが複雑化することによる付帯的なコスト増を含め）のかを考慮すべきだ。すべてが自動化されたとしても、システムが複雑になっては意味がない。

しかし、それが本当に競争優位性を左右し、他社に比べて圧倒的に顧客に支持されるようなサービスであれば、そのためにゼロからシステムを開発すべきだろ

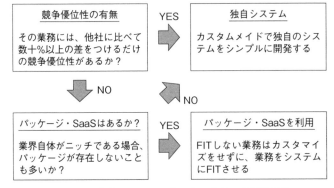

図11-5　独自システムにすべきかどうかの判断基準

う。これは、主に顧客体験価値を上げる SoE（System of Engagement）に関するシステムに当てはまる。多くは、スマートフォンのアプリによる商品・サービス提供だ。

　一方で、どこの企業でも同じように工夫しているものだったり、それが追加されることで、10 〜 20%くらい売上や粗利が上がる程度のものだったりするとしたら、**競争優位を生み出すものではないので、オリジナルでシステム機能を開発するのは止めたほうが無難**だ。

　そのような場合は、**パッケージシステムや SaaS をそのまま利用するべきだ。**70 頁で BPR の失敗は ERP のカスタマイズにあったと述べたが、パッケージシステムも ERP と同じことだ。

　一般的には、パッケージシステムを選定・導入する際には、自社の業務に適合するかどうかの FIT&GAP から入る。そして GAP がある部分について、カスタマイズをするのか、パッケージに合わせて業務を変えるのかを選択することになる。

　カスタマイズする場合には、追加でコストがかかる。このコストは、初期の開発費用だけでなく、そのカスタマイズした仕様を維持管理するベンダー側の体制にかけるコスト、さらには OS やミドルウェアにセキュリティパッチなどを当てる作業の前に、パッチを当てても正常に動作するかの確認作業などが入る。これが、1 回きりのカスタマイズなら良いのだが、一度でもカスタマイズを認めてしまうと、次々と固有の業務要件が出てきて、追加のカスタマイズをしたいという

図11-6　カスタマイズをしてはいけない理由

欲求に抗えなくなる。

　そうして時間が経過していくうちに、保守を担当しているベンダーも、継ぎは
ぎだらけのシステムのメンテナンス負荷が積み重なり、あらたな要望に与えられ
た工数内で対応できなくなっていく。すると、市場の変化や消費税などの法令の
変更のスピードに耐えられなくなり、保守ベンダーに仕様を伝える情報システム
部門は新規改修要望の受付を絞るようになり、業務部門のストレスが溜まってい
く。そうして顧客の不満も溜まっていく。カスタマイズの末路は、大概このよう
になる。

　したがって、**パッケージ適用の大原則**として、下記の2つは必ず守らなくては
ならない。

---

① 競争優位の源泉でないシステムは、パッケージやSaaSでまかなう。
　　特に基幹システムは、競争優位の源泉になることはほとんどないため、パッ
　ケージがあれば、パッケージで我慢する。
② パッケージやSaaSはカスタマイズしてはいけない。
　　FIT&GAPの結果、GAPがあれば、業務を変更する。

---

4. レポート機能・ダッシュボード機能は外付けする

　基幹システムは、必ずパッケージにすべきと述べたが、企業を適切に管理するには、パッケージでは不十分な場合がある。

　例えば、日次や週次で業績を管理したい、マネジメントが理解しやすいレポートにしたい、目標数値を達成するための施策の進捗度合と達成具合を知りたい、といったニーズは、個々の企業の置かれている状況によって異なるため、パッケージに組み込まれている機能だけでは不十分なことがあるからだ。

　しかし、だからといって、パッケージシステムやパッケージシステムのデータベースに直接手を入れてはならない。

　これを実現するのは、SoI（System of Intelligence）だ。具体的には、パッケージシステムのデータベースからデータを抜き出し、別のデータベースにコピーして、そのデータから必要なレポートを生成するシステムを開発するのだ。これは、DWH（Data Ware House）やデータマート、BI（Business Intelligence）といった情報系のしくみになる。こういった処理を行う場合、カスタムメイドでゼロからつくるのではなく、ETL（Extract：抽出、Transfer：転送、Load：ロード）ツールを導入して、業務データベースから情報系のデータベースにデータをコピーする際に、レポートをつくりやすい形に加工してから情報系のデータベースにデータを入れる。

　例えば、通常の業務システムのデータは、個別の取引がミスなく処理されることに重点を置くが、情報系のシステムでは、複数の取引の金額を集計し、それを時系列で比較したり、部門や地域ごとに集計した金額同士を比較したりといった具合に、大量の取引データを一度に処理する必要がある。

　業務システムの性能を重視したデータ構造と、大量の取引データの集計を重視したデータ構造とでは根本的に異なるため、データベースを分けて、コピーする際にデータ構造を変換する。

　このETLツールでは、プログラミング知識がなくてもできるノーコードやローコードのしくみが装備されているため、設計図の記述もプログラミングも不要で、ツールを除けば、どんな処理が行われているのかが理解できるようになっ

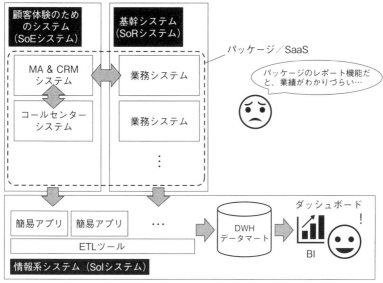

図 11-7　レポート機能、ダッシュボード機能は外付けする

ているものが多い。

　この際に注意が必要なのは、パッケージシステム側のデータベースの構造が変わるときには、ETL も変更が必要だということだ。また、組織変更をした場合、過去の業績を、現在の組織ごとの業績に集計し直さないと、時系列で比較できない。したがって、組織変更後の業績の集計処理を、過去データに対しても流す必要が出てくる。

　ETL ツールでデータをコピーし、情報系の処理要求に応えられる形に格納したら、次はそのデータを集計してレポート作成の処理をする必要がある。

　このレポートをつくる処理は、BI に分類されるツールで実施する。BI ツールでは、あらかじめ保存してあるビューに新しいデータを流し込むことができるが、このような定型的なビューで作成されたレポートは、必ずしも実用的でないため、すぐに役に立たなくなりがちだ。

　なぜなら、日々、業績を見ながら思考を重ねていく中で、ときにはズームアウトして鳥瞰的に全体像を見つつ、ときにはズームインして一つひとつの取引の中身まで確認し、現場で起こっていることの本質を理解し、日々の施策を決める。

そして、実施された施策の結果を見る際に、仮説通りの結果が起きたかどうかは、仮説に合わせてデータを検索・集計する必要が出てくる。それには、また新しいレポートを作成する必要がある。

このように、レポートも次々と新しい視点が要求されるため、レポートをつくる環境も、変更が頻繁に発生することを前提としなくてはならない。

5. ゼロからつくるシステムは、すべてを交換可能なモジュールにする

競争優位の源泉となる業務や機能をシステム化する場合や、競争優位の源泉ではないが、その業務があまり一般的でないために、パッケージやSaaSが存在しない場合には、1からカスタムメイドでつくるしかない。その際には、なるべくモノリスティックな一体構造（モノリス構造）ではなく、シンプルで小さな機能を複数つなげる**マイクロサービス構造**にすることを、心掛けるのが良いと言われている（図11-8）。

シンプルで小さな機能とは、顧客、商品、部門、在庫、注文伝票、決済、出荷、請求、入金、債権といったエンティティ単位でシステムをつくる。これらは、従来のモノリス構造では、一つのデータベースを共有する一つのシステムとしてつくられてきた。各機能がデータベースを共有することで、ある顧客が住所を変更した後に、ECサイトである商品を注文した際、出荷先の住所に新しい住所が反映されるなど、一方の機能で登録・変更した内容が、別の機能でも共有されるメリットがある。これにより、二重入力が不要になり、二重入力に伴うデータの不整合もなくなり、さらには処理がスムーズに流れる。

しかしながら、こうしたモノリス構造のシステムは欠点もある。

それは、どこか一つの機能を改修すると、他の機能にも影響する可能性が出てくることだ。システムの規模が大きくなると、ある部分を改修するとどの機能にもその影響が発生するのかを把握しきれなくなる。結果的にすべてをテストして、想定外の事象が起こらないことを確認してからでないと、リリースできなくなる。当然、一つひとつの機能改修に時間もコストもかかることになり、第8章で述べたようなレガシーの弊害で苦しむことになる。

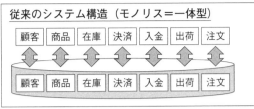

●メリット
・データの不整合が起こりづらい
・複数テーブルの結合が容易
→ 初期開発が比較的容易

●デメリット
・変更・改修時に、全機能を連結
　したテストが必要
→ 変更に膨大な時間と費用が
　かかる

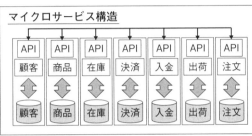

●メリット
・変更の影響はAPIの内部に制限
　できるため、テストは一部でよい
→ メンテナンスに強い

●デメリット
・不整合が起こらない工夫が必要
・システムにまたがるテーブル間の
　結合をアプリケーションが行う必
　要がある
→ 初期開発時の手間が増える

図11-8　従来のシステム構造とマイクロサービス構造

　このようなモノリス構造でシステムを開発する代わりに、エンティティ単位で
それぞれ別のデータベースをもった小さなシステムを開発し、各機能間の連携を
APIで行う構造を**マイクロサービス構造**という。

　例えば、顧客システムである顧客の住所が変更されたとする。その顧客がその
後すぐに、ある商品を注文すると、注文システムにその注文が登録される。注
文システムは、決済システムをAPIで呼び出し、顧客がカード決済を行って成
功したという連絡を再びAPI経由で受けたら、注文データベースに登録するの
だ。そして、定期的に起動される出荷システムが、APIを通して注文システム
に未出荷の注文を聞き出し、その注文主の顧客IDを顧客システムのAPIに渡し
て、顧客の新しい住所を手に入れて、出荷伝票に埋めて配送するといった具合に
処理が進んでいく。

　このやり方のメリットは、各機能がAPIを通してのみ外部とのデータのやり
とりを行うことで、ある機能への変更は、別の機能に一切影響しなくなる。

　したがって、一つのマイクロサービスへの改修があっても、テストはそのマイ
クロサービスの中だけで行うだけでいいため、ビジネス要件の変化に柔軟に対応
できるようになるのだ。

そして、新しいビジネス要件を満たすための改修が、既存のマイクロサービスの構造を複雑にしてしまう場合には、既存のマイクロサービスに仕様を追加する代わりに、新しい別のマイクロサービスを開発し、呼び出すようにすればいい。この API は、Webhook と呼ばれる URL の末尾に JSON コードをつける Http プロトコルで呼び出すのが主流だが、リアルタイムである必要がなければ、MQ（メッセージ・クエリー）やバッチで起動してもいい。その場合、ETL ツールを使うことで、素人でもノーコード・ローコード開発をすることができる。

また、最近は ETL ツールをバッチではなくリアルタイムで行う**リアルタイムデータ連携（CDC：Change Data Capture ともいう）**のツールが普及し始めている。これは他のデータベースエンジン間でのレプリケーションを行うツールだが、データのレプリカを作成する際にデータ加工を行うことも可能にしている。まさに ETL のリアルタイム版だ。

レプリケーションのしくみは、ソースデータベースのトランザクションログをコピーすることで、ソースデータベースのレコードに反映された処理を、ターゲットデータベースにも反映させるというものなので、ソースデータベースに負荷を掛けずにデータの複製を取れるというものだ。

6. 固定費を下げる、クラウド中心のアーキテクチャ

ところで、モノリス構造のシステムに比べて、マイクロサービス構造のシステムでは、運用対象となるシステムが増える。これまでのシステム運用のコスト構造では、運用コストが増大してしまうのだ。

しかし、これもクラウドコンピューティングサービスを活用することで解決する。例えば、Amazon の Aurora をデータベースとして選択すれば、システム全体としてのデータベース数が増えても、ライセンス料金もパッチ適用などの保守作業の手間もかからない。

Aurora は、自動スケーリングされ、使用量に応じて料金が決まる（使われていない場合は、ストレージ料金は課金されるが、データベース料金は課金されない）ために、事前のデータ量計算が不要で、ビジネスの成長に合わせて料金が増えていく。また、アジアや米国、欧州といった地理的に異なる場所にあるサーバ

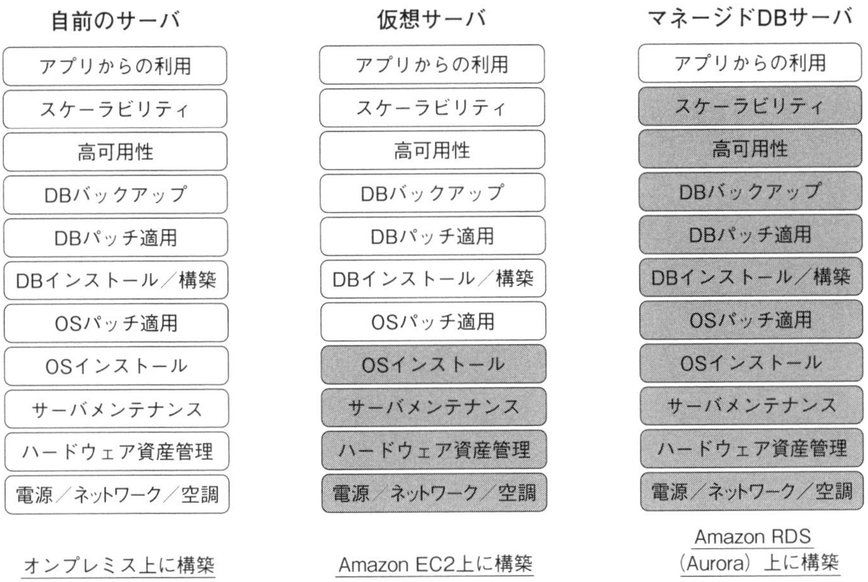

自前のサーバ	仮想サーバ	マネージドDBサーバ
アプリからの利用	アプリからの利用	アプリからの利用
スケーラビリティ	スケーラビリティ	スケーラビリティ
高可用性	高可用性	高可用性
DBバックアップ	DBバックアップ	DBバックアップ
DBパッチ適用	DBパッチ適用	DBパッチ適用
DBインストール／構築	DBインストール／構築	DBインストール／構築
OSパッチ適用	OSパッチ適用	OSパッチ適用
OSインストール	OSインストール	OSインストール
サーバメンテナンス	サーバメンテナンス	サーバメンテナンス
ハードウェア資産管理	ハードウェア資産管理	ハードウェア資産管理
電源／ネットワーク／空調	電源／ネットワーク／空調	電源／ネットワーク／空調
オンプレミス上に構築	Amazon EC2上に構築	Amazon RDS（Aurora）上に構築

図11-9　アプリケーション層以外の構築・管理は、クラウドへ

に、自動的にレプリケーションする機能があるため、ディザスターリカバリ対応も自動的に行われることになる。

　また、スマートフォンやタブレット上で動くアプリのようなSoE（System of Engagement）に分類されるシステムの開発においても、AmazonのLambdaというイベントの発生に応じてプログラムを実行する環境を提供してくれるFaaS（Function as a Service：クラウドコンピューティングサービスの一種）を活用することで、システムの運用コストが掛からない。こちらも自動スケーリングされるため、アクセスがなければ料金は発生しない。

　このように、クラウドサービスを活用すると、クラウド・ネイティブ企業が共通してもつ財務構造に近いシステムのコスト構造をとることができるのだ（図11-9）。

　つまり、アクセスが発生しなければ、費用が掛からないため、いかにアクセスを売上に変えるかを徹底できれば、システムのインフラコストは、理論上は売上原価とイコールとなる。

　そうなると、パッケージでもカスタムメイドでつくったマイクロサービスで

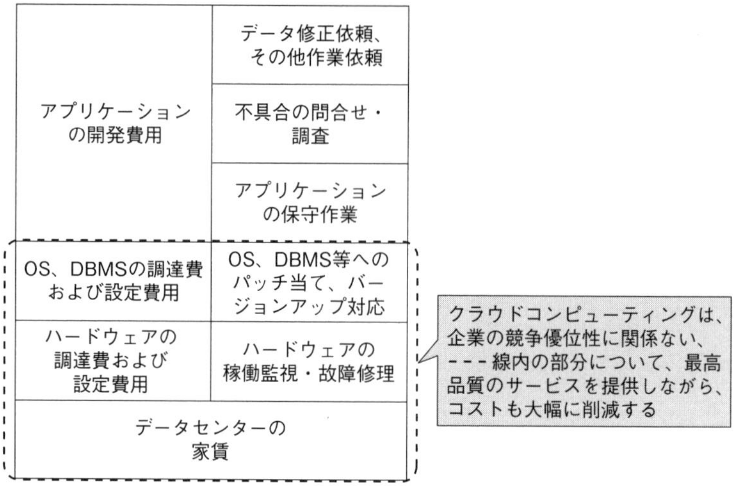

	データ修正依頼、その他作業依頼
アプリケーションの開発費用	不具合の問合せ・調査
	アプリケーションの保守作業
OS、DBMSの調達費および設定費用	OS、DBMS等へのパッチ当て、バージョンアップ対応
ハードウェアの調達費および設定費用	ハードウェアの稼働監視・故障修理
データセンターの家賃	

> クラウドコンピューティングは、企業の競争優位性に関係ない、- - -線内の部分について、最高品質のサービスを提供しながら、コストも大幅に削減する

図 11-10　クラウドコンピューティングサービスで運用コストが劇的に削減

も、スマートフォンやタブレット上にダウンロードして使うアプリのサーバサイドの処理システムでも、アプリケーションの開発費だけが固定費に計上されることになる（図 11-10）。

　これが限界コストになるため、これまでのシステムに比べると、ユーザー数が増えれば増えるほど、利益が増えることになるのだ。

あとがき（謝辞）
― 実践に向けた継続的なフォローアップについて ―

最後までお読みいただき、誠にありがとうございます。

さて、今後、本書に書かれた内容を実務に適用しようとするにあたり、あなたの置かれた事情に特有な疑問が、いろいろ発生すると思います。すべての質問にお答えするのはなかなか難しいのですが、次頁にお問い合わせフォームをご用意しています。読者のあなたのお考えやお悩みを共有いただけると嬉しいです。多くの方が共通に抱えているお悩みがあれば、それについては、ウェビナーなどの場で共有したいと思います。

また、一度読んだだけでは、内容は時間とともに記憶が薄れていくものです。また、本書は何度も読み直すことで、新しい発見があるように編集されています。

したがって、何度も読み直していただきたいのですが、それとは別に、日々DX についての考えを深めることを目的として、DX 通信メルマガを発行することにいたしました。

こちらも次頁に登録フォームの QR コードを掲示いたしましたので、ご登録ください。

1） お問い合わせについて

　多くの問合せが来ると、なかなかタイムリーかつ全てには難しいかもしれませんが、できうる限りお応えします。コンサルテーションや講演・研修、記事執筆などのご依頼・ご相談につきましては、優先してご回答いたします。また、それ以外のご質問・ご感想ももちろん大歓迎です。

　次のお問い合わせフォームに必要事項をご入力いただき、送信ください。

●お問い合わせフォーム

https://bit.ly/3CG1KVV

2） 継続的な学習機会が得られる DX 通信メルマガ

　DX 通信メルマガを配信しています。毎朝１通のペースでお送りすることを想定しています。日々、少しずつ DX についての理解を深めたい方は、ぜひご登録ください。本書の内容の復習にもなると思います。また、ウェビナーなどのご案内もこちらで行います。

https://loyal-ex.com/fx/DV2aw9

　登録後、タイトル欄に次のヘッダが入ったメールが届くと思います。

【DX 通信メルマガ】

もし、登録ボタンを押下後1時間経過してもメールが届かない場合には、迷惑メールフォルダに振り分けられていないかどうかをご確認ください。

　あらためまして、最後までお付き合いいただきまして、ありがとうございました。今後は、お問い合わせフォームやメルマガを通じて、あなたと末永くつながってゆければ幸いです。どうぞよろしくお願いいたします。

索　引

■ 著者略歴

兼安　暁　（かねやす　さとる）

1967 年：東京生まれ
1991 年：東京理科大学工学研究科修士課程修了後、アンダーセンコンサルティング（現アクセンチュア）入社
1998 年：SAS Institute Japan 入社
1999 年：ツタヤオンライン入社。T ポイント事業の立ち上げにて、システムの開発責任者として貢献。システム構想策定とアーキテクチャの基本設計、開発ベンダーへの指示など幅広い業務に従事
2005 年：国産 CRM ソフトウェアベンチャーのエンプレックス（現 SCSK）入社
2009 年：住商情報システム（現 SCSK）転籍
2013 年：独立。さまざまな業種の企業向けコンサルテーションに従事
2019 年：DXT コンサルティング株式会社設立
2020 年：DN Technology & Innovation パートナー参画
2021 年：情報経営イノベーション専門職大学（iU）客員教授拝命

DX のジレンマ
― 事例から考える　デジタル化実務の課題と実践的解決法 ―

2021 年 12 月 3 日　初版第 1 刷発行

■ 著　　者 —— 兼安　暁
■ 発 行 者 —— 佐藤　守
■ 発 行 所 —— 株式会社 **大学教育出版**
　　　　　　　〒 700-0953　岡山市南区西市 855-4
　　　　　　　電話（086）244-1268　FAX（086）246-0294
■ 印刷製本 —— モリモト印刷 ㈱

ISBN978 - 4 - 86692 - 164 - 8